DÉFI MATHÉMATIQUE 4

Michel Lyons
Robert Lyons

Mondia Éditeurs inc.

Défi Mathématique 4
Collection Défi Mathématique

Auteurs: Michel Lyons et Robert Lyons
Maquette de la couverture et illustration: P & G Pusztai inc.
Illustrations: Hélène Desputeaux (Pages 206 à 230); Isabelle Langevin (Pages 64 à 67, 71, 72, 81 à 112, 114 à 120, 156 à 165, 167 à 190, 192 à 201, 203, 204); Caroline Merola (Pages 232 à 257); Johanne Pepin (Pages 2 à 25, 27 à 30, 32 à 62, 68, 69, 122 à 125, 127 à 145, 147, 148, 151 à 153).
Conception graphique et illustrations: Joanne Bertrand-Côté
Mise en pages: Joanne Bertrand-Côté
Révision linguistique: Diane Martin

© Mondia Éditeurs, 1989

Mondia Éditeurs inc.
1977, boul. Industriel
Laval (Québec)
H7S 1P6
(514) 667-9221
Tous droits réservés

ISBN 2-89114-388-4

Dépôt légal 3ᵉ trimestre 1989
Bibliothèque nationale du Québec
Bibliothèque nationale du Canada

Imprimé au Canada
3 4 5 93

REMERCIEMENTS

C'est en 1974 que débutèrent les premiers travaux ayant permis de mettre sur pied *Défi Mathématique*. Une centaine d'écoliers, cinq enseignantes et six conseillers pédagogiques participaient alors aux recherches et aux mises en pratique.

Treize ans plus tard, vingt-cinq mille écoliers sont formés avec *Défi Mathématique* et il est évident que la didactique heuristique instaurée par cette série de manuels scolaires constitue la voie de l'avenir.

Une telle évolution, certains parlent même de révolution, a été possible grâce au professionnalisme et aux talents de centaines de personnes. Qu'il nous soit donc permis de remercier le personnel enseignant des commissions scolaires de Brossard, de Napierville, de Tracy et de Varennes pour leur participation, leur enthousiasme, leurs encouragements et leurs conseils. Nos remerciements s'adressent aussi aux écoliers de ces commissions scolaires et à leurs parents qui nous ont accordé leur confiance et leur soutien.

À nos collègues et amis du Groupe de recherche en didactique des mathématiques (G.R.D.M.), dire merci semble trop peu. Le plaisir et la chance de travailler avec un groupe de gens aussi sérieux et talentueux nous a permis d'améliorer considérablement *Défi Mathématique*. On le comprendra, nous ne pouvons résister au plaisir de saluer personnellement chacun de ces collaborateurs exceptionnels. À Jean-Pierre Bernier, Paul Chaballe, Lise Charbonneau, Serge Girard, Louise Jutras, Michel Labelle, Denise Lemieux Scott, Françoise Loranger, Ginette Poitras, Marie-Josée Pouliot, Colette Rémillard Desautels, Pierre Richard, Denise Robert, Rosamaria Sandoval, Claudette Therrien et Jocelyne Trahan, nos salutations les plus sincères.

À tous et à toutes, merci!

Les auteurs

TABLE DES MATIÈRES

Logique

LOGIQUE A-1

Des nombres déguisés

1. Observe bien cette illustration. Peux-tu dire quel personnage célèbre se cache derrière ce masque?

2. Peux-tu démasquer ces deux célèbres héros?

Personne ne nous reconnaîtra!

Je dirais même plus. Personne ne nous reconnaîtra!

3. À la fête costumée de la rentrée scolaire, Karine, Katya et Kim se sont déguisées. Lis bien les indices pour les démasquer.

- Kim est immédiatement à la droite de Katya.
- Karine n'est pas l'Indienne.

4. Il arrive aussi parfois que des nombres se déguisent dans une phrase mathématique. Si tu observes bien les indices, tu pourras certes démasquer chacun des nombres déguisés.

a)
 $+ 4 - 2 = 8$

b)
$2 <$  < 5

c)
$3 \times$ 🎭 $= 21$

Dans les activités qui vont suivre, tu apprendras comment déguiser des nombres et comment les démasquer.

2

LOGIQUE A-2

Des ballons pour la fête

Si elles sont mal réglées ou mal programmées, les machines peuvent commettre des erreurs.

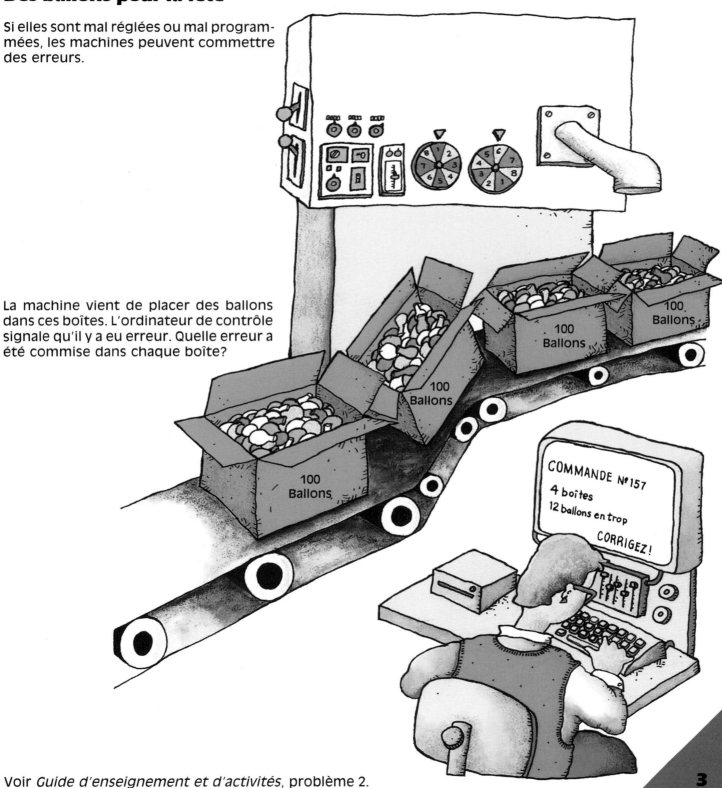

La machine vient de placer des ballons dans ces boîtes. L'ordinateur de contrôle signale qu'il y a eu erreur. Quelle erreur a été commise dans chaque boîte?

COMMANDE Nº 157
4 boîtes
12 ballons en trop
CORRIGEZ!

Voir *Guide d'enseignement et d'activités*, problème 2.

3

LOGIQUE A-3

Voici des groupes de boîtes remplies par diverses machines. Le compteur indique s'il manque des objets ou s'il y en a trop dans l'ensemble. Trouve pour chaque boîte l'erreur qui a été commise.

1. Macarons

2. Ballons

3. Chapeaux

4. Sucettes

5. Serpentins

6. Flûtes

7. Sifflets

8. Bagues

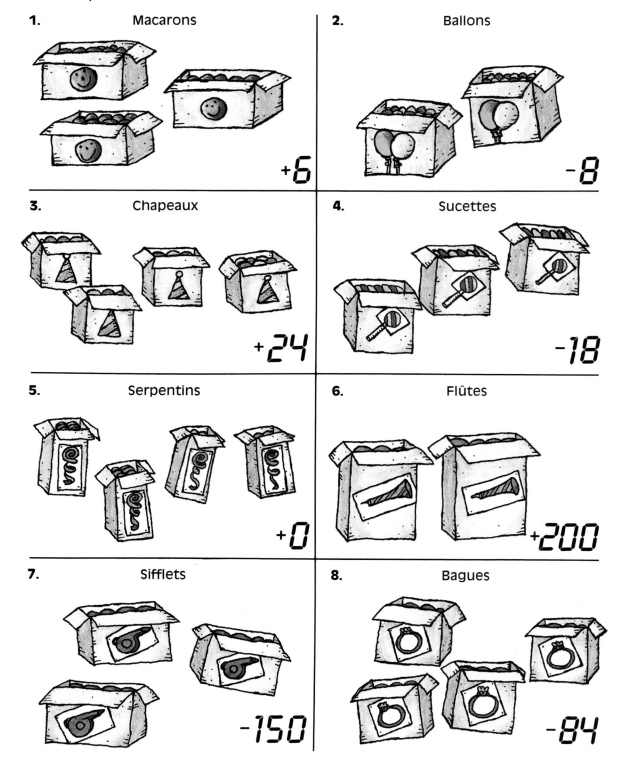

LOGIQUE A-4

1. Pour chaque encadré, écris une phrase mathématique qui raconte ce qui est énoncé. Utilise des nombres déguisés. Les erreurs commises sont les mêmes dans chaque boîte.

a) Il manque 8 ballons dans l'ensemble de ces boîtes.

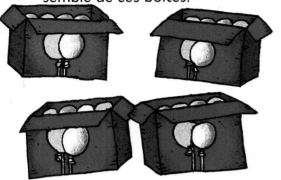

b) Il y a 16 macarons de trop dans l'ensemble de ces boîtes.

c) Il y a 36 flûtes de trop dans l'ensemble de ces boîtes.

d) Il manque 48 sifflets dans l'ensemble de ces boîtes.

2. Pour chacune de ces phrases mathématiques, dessine le nombre de boîtes correspondant. Écris combien il manque d'objets ou combien il y en a de trop dans chacune.

a) $b + b + b + b + b + b = +30$

b) $2v = -26$

c) $3r + 2r = -50$

d) $j + j + j + j = 0$

3. Voici des phrases mathématiques avec des nombres déguisés. Ces nombres sont des *variables*. Démasque-les.

a) $3x = +6$ donc $x = \#$

b) $2s = -12$ donc $s = \#$

c) $z + z = 10$ donc $z = \#$

d) $2t + 5t = +14$ donc $t = \#$

e) $4r = -28$ donc $r = \#$

f) $+60 = 2n$ donc $n = \#$

g) $-30 = v + v + v$ donc $v = \#$

h) $42a = -42$ donc $a = \#$

Pour les as

i) $2c + c + 3c = -48$ donc $c = \#$

j) $4p - 2p + p = 360$ donc $p = \#$

5

LOGIQUE A-5

1. Chacun de ces personnages te révèle son âge au moyen d'une phrase. Découvre-le.

a) J'ai plus que 20 ans mais moins que 22.

b) Dans 6 ans, je serai centenaire.

c) Mon enfant a 24 ans, c'est la moitié de mon âge.

d) Il y a 8 ans, j'avais 39 ans.

e) Mon frère, qui a 16 ans, a 7 ans de plus que moi.

f) Dans 25 ans, j'aurai le double de mon âge.

2. Voici maintenant des phrases mathématiques contenant chacune une variable. Peux-tu la démasquer?

a) $x + 8 = 14$

b) $n - 3 = 7$

c) $r + r = 20$

d) $3 \times t = 12$

e) $8 - 9 = s$

f) $2 + m = 8 - 3$

g) $p \div 3 = 0 + 2$

h) $c + 3 = c + 5$

i) $4 \times d = 7 \times 4$

j) $(v \times 2) + 4 = 16$

k) $g + 1 = 5 - g$

l) $i \div 2 \div 3 = 4$

6

LOGIQUE A-6

1. Chacun de ces personnages te parle de l'argent qu'il a en poche. Écris d'abord une phrase mathématique qui raconte la même idée, puis découvre le nombre caché.

a) *Prête-moi 21 $ et cela me fera 47 $.*

b) *J'ai cinq billets de 2 $ et un billet de 5 $.*

c) *Mon frère a 9 $ de plus que moi. Il a 25 $.*

d) *Avec 15 $ de plus, je doublerais mon avoir.*

e) *Je ne peux pas acheter cette bicyclette qui coûte 210 $. Je n'ai que la moitié de cette somme.*

f) *J'ai autant d'argent que Maxime. Maxime et Lucie ont la même somme. Ensemble, nous avons 27 $.*

2. Voici des phrases mathématiques. Pour chacune, écris une histoire qui raconte la même idée.

a) $7 + x - 5 = 9$

b) $2 \times n = 12$

3. Mon nombre secret s'appelle «m». Peux-tu le découvrir?

a) $m = 7 \times 2$

b) $m + 1 = 6 - 3$

c) $2 + m = 3 \times 2$

d) $5 + m = 5 - m$

e) $6 - m = 4 + 1$

f) $3 + 2 + 1 = m + 5$

g) $3 \times m = m + 8$

h) $6 - m + 1 = -11$

i) $m \div 2 \div 3 = 6$

7

★★★★★ COUP DE POUCE

Pour écrire une phrase mathématique, il y a des règles à respecter.

1. Ces expressions ne sont pas des phrases mathématiques. Peux-tu dire pourquoi?

a) | 1 vache + 1 poule = 6 pattes |

b)

c) | 6 + 3 − < = 3 |

d) | 3 × 6 = 18 œufs |

e) | 2 gants + 1 gant = 3 gants |

f) | 12 ÷ 5 = 2 reste 2 |

2. Toutes ces expressions sont des phrases mathématiques. Certaines sont vraies et d'autres sont fausses. Il y en a aussi qui ne sont ni vraies ni fausses. Porte un jugement sur chacune.

a) | 3 cm + 6 cm = 9 cm |

b) | 6 = 9 − 8 + 4 |

c) | 8 = 10 − 3 + 1 |

d) | x + 7 = 9 |

e) | 5 + x < y − 2 |

f) | 5 + 4 = 9 + 1 = 10 |

g) | 3 dizaines + 5 centaines = 530 |

h) | 11 − 2 = 5 + 4 = 9 |

i) | 7 °C − 2 °C = 5 °C |

j) | 6 $ × 2 = 8 $ |

k) | 7 = 7 |

l) | 15 cm × 2 = 30 cm |

3. Que peux-tu dire de chacune de ces expressions?

a) | x + 3 = 7 |

b) [illustration] + [illustration] = 3 [illustration]

c) | 2 km + 9 km = 10 km + 1 km |

d) | 6 × 2 = 12 cerises |

e) | 5 − 2 = 3 − 3 = 0 |

f) | 8 $ − 2 $ + 5 $ = 2 × 6 $ |

g) | 7 − 2 < 4 |

h) | 18 ÷ 5 = 3 r 3 |

COUP DE POUCE ✱✱✱✱✱✱

1. Parmi ces phrases mathématiques, il y en a une qui correspond à chacun des énoncés exprimés par les personnes de cette page. Écris-les.

$x = 9$ $\qquad$ $9 + x = 2x$ $\qquad$ $x + 9 = 2$

$x - 2 = 9$ $\qquad$ $x \div 2 = 9$ $\qquad$ $x + 2 = 9$

J'ai deux ans de plus que Lise qui a 9 ans.

Dans 9 ans, j'aurai doublé mon âge.

J'ai le même âge que David qui a 9 ans depuis 2 mois.

a) $\qquad$ **b)** $\qquad$ **c)**

2. Chaque carré cache un nombre. Deux carrés de même couleur cachent deux nombres identiques. Récris ces phrases en démasquant les nombres cachés.

a) $17 - \blacksquare - \blacksquare - \blacksquare = 5$ $\qquad$ **b)** $\blacksquare + \blacksquare + \blacksquare = 12 - \blacksquare$

c) $\blacksquare + \blacksquare - \blacksquare = 3 + 1$ $\qquad$ **d)** $(2 \times \blacksquare) + \blacksquare = 15$

e) $\blacksquare + \blacksquare + (2 \times \blacksquare) = 16$ $\qquad$ **f)** $3 + \blacksquare - \blacksquare = \blacksquare - 7$

3. Si $a = +2$ et $b = +5$, lesquelles de ces équations sont vraies?

a) $a + b = +7$ $\qquad$ **b)** $2a + 2b = +9$ $\qquad$ **c)** $a \times b = -10$

d) $2a + b - a = 7$ $\qquad$ **e)** $5 - a - b = -2$ $\qquad$ **f)** $3a + 4b = +14$

LOGIQUE A-9

1. Pour découvrir ce que cachent ces personnes, écris d'abord la ou les phrases mathématiques qui traduisent les indices. Trouve ensuite la valeur de la variable.

a)

Ma fille a 8 ans. Elle a la moitié de la moitié de mon âge.

b)

Si j'ajoute 7 ans à la moitié de mon âge, cela fait 12 ans.

c)

En ajoutant 60 à mon nombre préféré, je le rends trois fois plus grand.

d)

Ajoute 10 au double de mon nombre préféré et tu obtiendras 18.

e)

Il y a 8 ans, j'avais le tiers de mon âge actuel.

f)

Dans 8 ans, j'aurai plus de 25 ans. Il y a 9 ans, j'avais moins de 11 ans.

2. Ces équations pourraient s'écrire plus simplement. Récris-les, puis trouve au moins trois solutions différentes.

a) $2x + 3y - x + y = 8$

b) $x - 4y + 2x + 7y - x = 0$

c) $x + y + z - x + y - 2z = -7$

d) $y + z - 2x + 4y + 7x = y = 3$

e) $26y - 14x + 16x - 25y - x = -4$

f) $3z - 2x - y - z + 6x + 4y = 10$

g) $6z - 3x + 4y = 3 + 2z - 8y$

h) $5 - 2x = 3y - 2x + 6 + z$

i) $2y - 4 + 3x = 4y - 6x + 2$

j) $6x - 2y + z = 3z - y + 4x$

LOGIQUE B-10

La notation et les finales

Observe bien les codes écrits à droite. Quel charabia! Pourtant, tu découvriras que ce langage est une façon simple de décrire tous les coups d'une partie complète d'échecs. Ici les blancs ont gagné.

En effet, les as d'échecs aiment noter tout le déroulement des parties qu'ils jouent. Cela leur permet d'analyser leurs bons et leurs mauvais coups.

Aussi, bien lire la notation d'échecs est absolument nécessaire à quiconque désire s'améliorer au jeu. Tu retrouveras une telle notation dans tous les livres d'échecs.

	Blancs	Noirs
1.	e4	e5
2.	Cf3	Cc6
3.	Fb5	Cg8-e7
4.	Cc3	g6
5.	d4	exd4
6.	Cd5	Cg8
7.	0-0	Fg7
8.	Te1	Cc6-e7
9.	Ff4	Cxd5
10.	exd5+	Rf8
11.	De2	a6
12.	Fxc7	Dxc7
13.	De8 MAT	

LOGIQUE B-11

L'échec au roi et la notation

Un roi est en *échec* si une pièce menace de le capturer *en un seul coup*. Par courtoisie, tu devrais *toujours avertir* ton adversaire lorsque tu mets son roi en échec. Dis-lui alors: «Échec au roi!» ou tout simplement: «Échec!»

> Un roi qui est mis en échec doit immédiatement parer cet échec.

Dans chacun de ces diagrammes, les blancs peuvent mettre le roi noir en échec. Au besoin, consulte le Répertoire de la notation à la fin de cette section (page 40).

1. Les blancs peuvent donner l'échec de 4 façons. Observe comment noter cela.

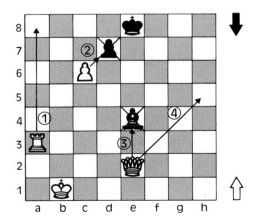

① Ta8+

② cxd7+

③ Dame xe4+ ou Dxe4+

④ Peux-tu noter ce coup?

2. Chaque pièce est désignée par une lettre majuscule à l'exception du pion. Dans ce cas, aucune lettre n'est utilisée pour désigner la pièce qui se déplace.

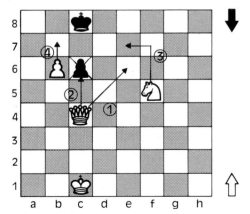

Note chacun de ces coups qui donnent l'échec.

①? ②? ③?

④ est noté b7+

x: capture	+: échec

12

LOGIQUE B-12

L'échec au roi et la notation

Majesté, ceci est défendu!

Il est *absolument interdit* au roi de se placer lui-même en échec d'aucune façon. Si un joueur le fait par distraction, il lui faut *annuler* ce coup et jouer ailleurs.

Dans l'illustration, le roi se place dans une case menacée par la tour. Il se met lui-même en échec. Cela est interdit. *Il doit reculer*.

Parmi les coups indiqués, certains sont permis, d'autres interdits. Écris la notation en ajoutant *permis* ou *interdit*. C'est aux noirs à jouer. Ils sont en échec.

1.

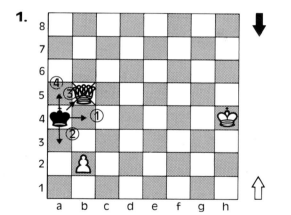

2.

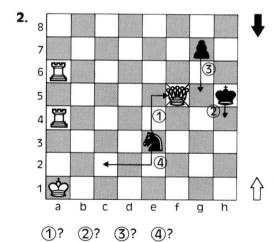

① Rb4, permis ou interdit?
②? ③? ④?

①? ②? ③? ④?

13

LOGIQUE B-13

Le mat et le pat

Un roi ne peut pas rester en échec ni se placer lui-même en échec. Cependant, que se passe-t-il si le roi ne peut pas faire autrement? C'est la fin de la partie. Mais attention! Ce n'est pas forcément une défaite. Observe bien les deux cas possibles.

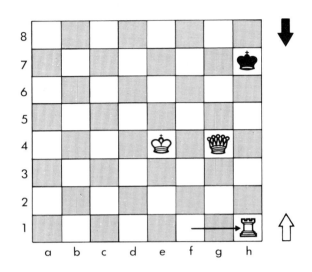

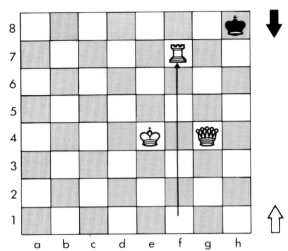

Les blancs viennent de jouer. Échec au roi. (Bien joué!)

1. Le roi est en échec.
La tour le menace.

2. Le roi sera pris.
Aucun coup ne peut sauver le roi.
C'est la fin de la partie. Les blancs *gagnent*.
C'est le *mat*!

Les blancs viennent de jouer. (Mauvais coup!)

1. Le roi n'est pas en échec.
Aucune pièce ne le menace où il se trouve.

2. Le roi sera pris.
Il est forcé de se mettre lui-même en échec, ce qui est interdit.
C'est la fin de la partie. Celle-ci est *nulle*.
C'est le *pat*!
Dommage pour les blancs...

LOGIQUE B-14

Mat ou pat?

Avec un ou une camarade, reproduis d'abord chaque diagramme sur un échiquier. *C'est aux noirs à jouer.* Parfois ils sont *mat,* parfois ils sont *pat,* et parfois ils peuvent tout simplement jouer un coup. S'ils peuvent jouer, écris le coup avec la notation.

1. Trait aux noirs

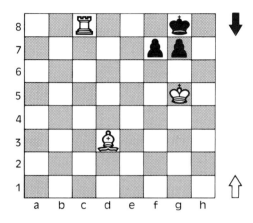

2. Trait aux noirs

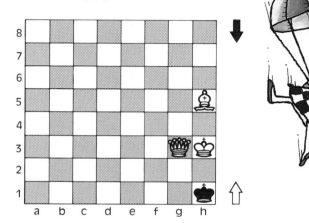

3. Trait aux noirs

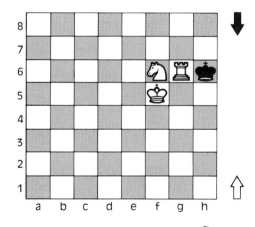

4. Trait aux noirs

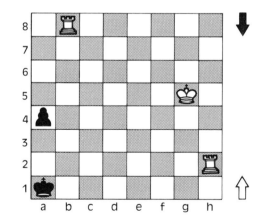

15

LOGIQUE B-15

La notation

1. Voici la plus courte partie d'échecs qu'il soit possible de jouer. C'est le mat du sot. Chaque joueur ne déplace que deux pièces. Découvre le second coup des noirs qui donne le mat. Note-le. Les blancs commencent.

Blancs	Noirs
1. f3	e5
2. g4	? MAT

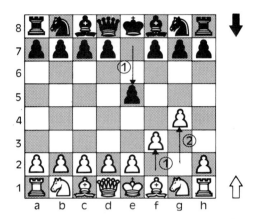

2. a) En partant de la position du diagramme, joue les coups notés.

Blancs	Noirs
1. a5	Rc8
2. Fd7 +	Rb8
3. Tb4 +	Ra8
4. Rc7 PAT (dommage!)	

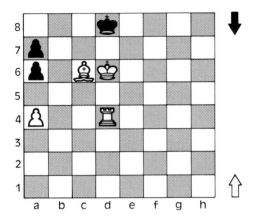

b) Les blancs ont mal joué au quatrième coup. Un coup leur permettait de faire MAT à ce moment. Lequel?

Blancs	Noirs
1. e4	e5
2. Fc4	Fc5
3. Dh5	Cf6
4. ? MAT	

Quel est donc ce quatrième coup fatal aux noirs?

3. Voici la description d'une autre partie complète, plutôt brève. On l'appelle le *mat du berger*. Plusieurs débutants s'y sont laissé prendre.

Place-toi avec un ou une camarade et jouez les coups qui sont indiqués.

Le dernier coup des blancs n'a pas été noté. Peux-tu le découvrir sur ton échiquier et le noter?

C'est un coup fumant! Apprends comment l'éviter si ton adversaire l'utilise.

LOGIQUE B-16

Mat ou pat?

1. Trait aux noirs
Mat? Pat? Noirs jouent?

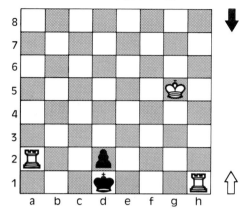

2. Trait aux noirs
Mat? Pat? Noirs jouent?

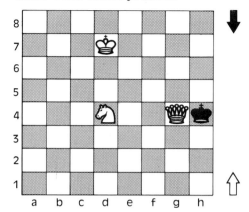

3. Trait aux noirs
Mat? Pat? Noirs jouent?

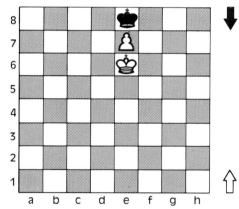

4. Trait aux noirs
Mat? Pat? Noirs jouent?

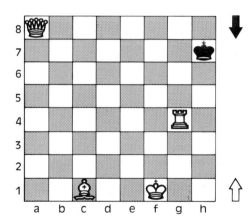

17

LOGIQUE B-17

1. Le trait est aux blancs. Indique avec la notation:

   a) un coup qui donne le MAT;

   b) un coup qui donne le PAT.

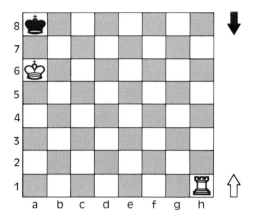

2. Le roi blanc était MAT. Dans quelle case se trouvait-il?

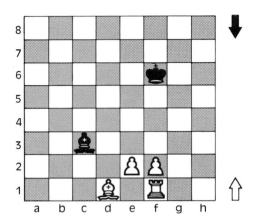

3. Où faut-il ajouter un fou noir dans ce diagramme pour mettre le roi blanc ÉCHEC ET MAT?

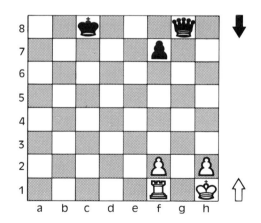

4. Les blancs font MAT en un seul coup. Note-le. Il y a plus d'une solution.

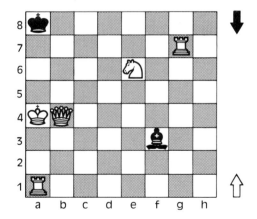

5. Place-toi avec un ou une camarade. Sur ton échiquier, invente une position où les blancs seront MAT.

   Dessine-la dans un diagramme de la fiche complémentaire Logique I (voir *Guide d'enseignement et d'activités*).

6. Place-toi avec un ou une camarade. Sur ton échiquier, invente une position où les noirs seront PAT.

   Dessine-la dans un diagramme.

LOGIQUE B-18

1. Voici une autre partie complète décrite à l'aide de la notation. Certains coups ont été omis. Découvre-les en jouant cette partie sur ton échiquier. Il n'y a qu'une seule possibilité pour chaque cas.

Blancs	Noirs
1. d4	f5
2. ? g5	h6
3. Ff4	g5
4. Fg3	f4
5. e3	h5
6. Fd3	Th6
7. Dx ?	T ?
8. ? MAT	

 Pourquoi les noirs n'ont-ils pas capturé le fou blanc à leur sixième coup?

2. Voici un roi isolé qui n'en a plus pour longtemps!

Peux-tu faire mat en quatre coups? Les blancs commencent.

Si tu n'y arrives pas, essaie donc ceci:

Blancs	Noirs
1. Re2	Th3
2. Rf2	Dd2 +
3. Rg1	Th2
4. Rf1	Df2 MAT

Il y a plusieurs autres façons.

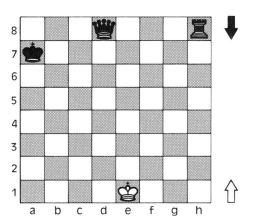

LOGIQUE B-19

1. Le roi blanc était MAT. Dans quelle case se trouvait-il?

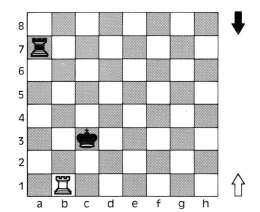

2. Le roi blanc était PAT. Dans quelle case se trouvait-il?

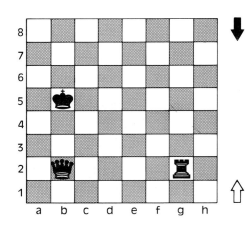

3. Le roi blanc était PAT. Dans quelle case se trouvait-il?

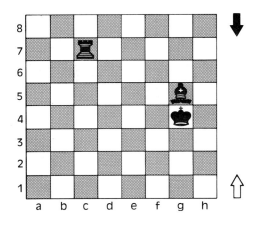

4. Le roi blanc était MAT. Dans quelle case se trouvait-il?

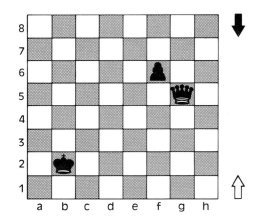

5. Le roi noir était MAT. Quelles sont les pièces A et B?

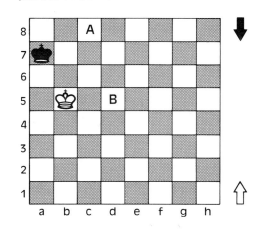

6. Le roi noir était MAT. Quelles sont les pièces A et B?

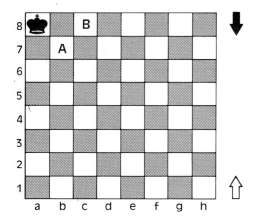

LOGIQUE B-20

Le trait est aux noirs. Pour chaque diagramme, indique ce qui se passe. Si les noirs peuvent jouer, note le coup.

1.

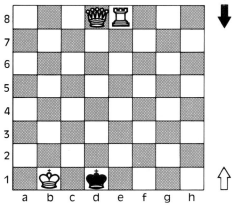

2.

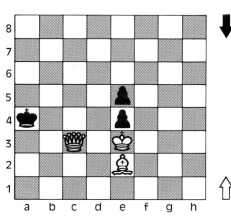

3.

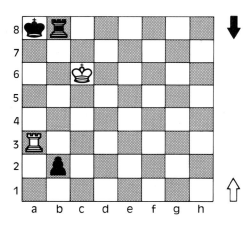

4.

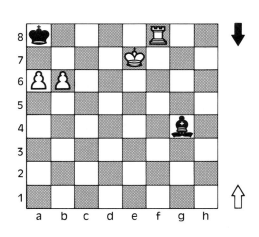

5.

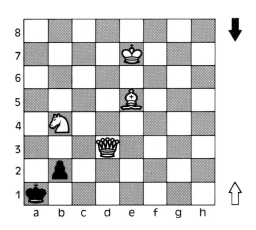

6.

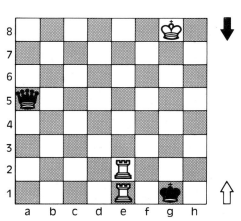

21

LOGIQUE B-21

Une finille: et contre ♚

1. Sur l'échiquier, il n'y a qu'un nombre limité d'endroits où un roi isolé peut être mis mat par une reine aidée de son roi. Avec un ou une camarade, place d'abord un roi noir à l'un des endroits indiqués par la lettre R dans le diagramme et essaie de faire mat en plaçant la reine et le roi blancs.

   Cela te permettra de découvrir toutes les cases où le roi noir peut être piégé. Note tes trouvailles dans la fiche complémentaire Logique I (voir *Guide d'enseignement et d'activités*).

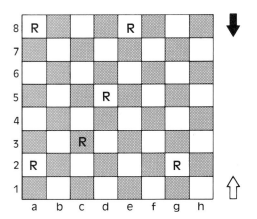

2. Maintenant que tu sais où piéger un roi isolé, essaie de découvrir comment y arriver rapidement. Place-toi avec un ou une camarade et dispose ton échiquier comme dans le diagramme. Lequel de vous deux fera mat dans le moins de coups possible? Essayez à quelques reprises en inversant les rôles. Les blancs commencent.

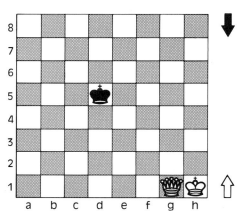

Quelques conseils pour faire MAT

1. Le roi blanc est essentiel pour faire mat. La reine seule ne peut y arriver. Utilise le roi pour couper le chemin au roi noir. La position idéale s'appelle l'OPPOSITION. Il s'agit de mettre son roi en face du roi ennemi, à une case de distance.

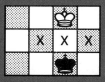

Bouclier de
l'OPPOSITION

2. La partie est *nulle* si les blancs n'arrivent pas à faire mat *avant leur cinquantième coup* ou si les pièces reviennent *trois fois dans une position identique* sur l'échiquier. Attention au pat!

LOGIQUE B-22

Une finale: 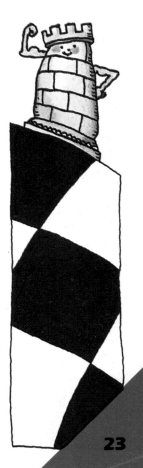 et ♔ contre ♚

1. Si une tour et un roi attaquent un roi isolé, ils peuvent gagner à coup sûr. Il n'y a cependant qu'un nombre limité de cases où le roi isolé peut être mis mat. Avec un ou une camarade, découvre lesquelles en plaçant le roi noir dans chacune des cases marquées de la lettre R. Où dois-tu placer la tour et le roi blanc?

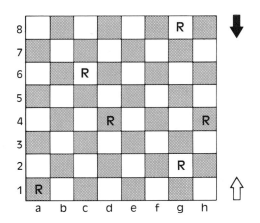

2. Essaie maintenant de faire mat le plus rapidement possible. Place-toi avec un ou une camarade. Lequel de vous deux y parviendra le plus rapidement? Les blancs commencent.

Si tu n'y parviens pas, essaie cette suite de coups et observe bien la stratégie des blancs: 1. Rb2 Rd4 2. Rb3 Rd3 3. Td1 + Re2 4. Td4 Re3 5. Rc3 Re2 6. Te4 + Rf3 7. Rd3 Rf2 8. Tf4 + Rg3 9. Re3 Rg2 10. Tg4 + Rh3 11. Rf3 Rh2 12. Rf2 Rh3 13. Tf4 Rh2 14. Th4 MAT

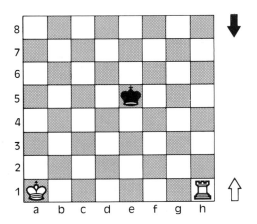

Quelques conseils pour faire mat

1. Ici encore, le roi blanc doit participer à l'attaque. Refoule ton adversaire sur l'un des bords du jeu, vers un coin.

2. La tour doit donner le mat en se logeant sur la même rangée ou la même colonne que le roi ennemi. Le roi blanc doit bloquer le chemin au roi noir.

LOGIQUE B-23

Une finale: et contre ♚

Tu sais probablement déjà qu'un pion qui atteint l'extrémité adverse du jeu est aussitôt échangé contre la pièce de ton choix (sauf un roi!). En règle générale, un pion promu est remplacé par une dame. Dans les parties illustrées aux diagrammes suivants, les blancs espèrent changer leur pion en dame. Ainsi ils gagneront certes la partie. Les noirs tentent de les empêcher et visent la partie nulle. Avec un ou une camarade, étudie attentivement chaque cas et écris ce qui devrait normalement arriver (MAT ou partie nulle).

1. a) Le trait est aux blancs.

   b) Le trait est aux noirs.

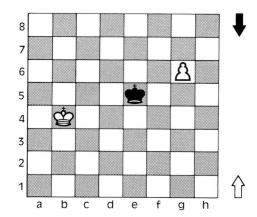

2. a) Le trait est aux blancs.

   b) Le trait est aux noirs.

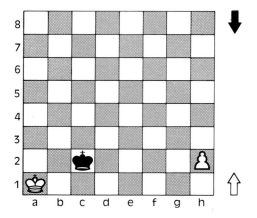

3. a) Le trait est aux blancs.

   b) Le trait est aux noirs.

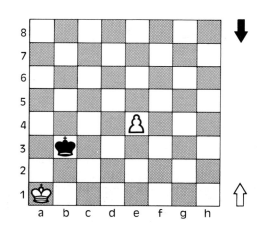

4. a) Le trait est aux blancs.

   b) Le trait est aux noirs.

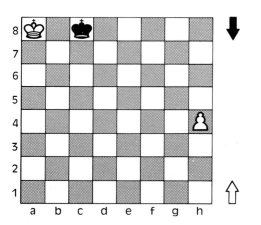

LOGIQUE B-24

La règle du carré de Berger

Il peut arriver à la fin d'une partie qu'un joueur se retrouve avec son roi et un pion contre le roi ennemi isolé. Si le roi ne peut venir en aide à son pion comme cela est le cas ici et à la page précédente, le pion doit courir au plus vite. La promotion du pion est assurée si, après s'être déplacé, *il entre dans un carré où le roi ennemi ne peut pas entrer.*

Pour tracer ce carré, on tire une diagonale depuis la case d'arrivée du pion jusqu'à la rangée de promotion. Le carré de Berger renferme cette diagonale. Dans le diagramme, le roi noir rattrapera le pion, car il va entrer dans le carré au moment de jouer son coup. Vérifie en jouant, pour les noirs, Rc4. Termine la course.

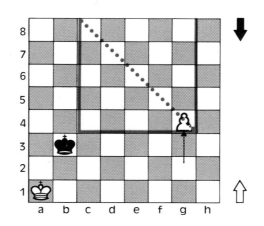

SI LE ROI NOIR PEUT ENTRER DANS LE CARRÉ, LE PION SERA PRIS.

1. C'est aux blancs à jouer. Gagneront-ils la partie?

2. C'est aux blancs à jouer. Peuvent-ils éviter la défaite?

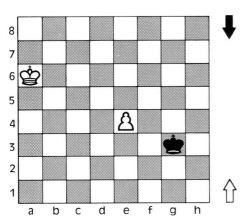

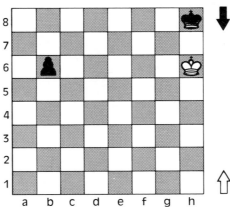

25

LOGIQUE B-25

Autre finale: ♙ et ♔ contre ♚

Ici, la finale est plus délicate puisque le roi blanc est en mesure d'aider son pion. Discute avec un ou une camarade de la stratégie à adopter dans chaque diagramme. Si chaque camp joue les meilleurs coups possibles, vous devriez obtenir le résultat annoncé.

1. Trait aux blancs.
   Les blancs gagnent.

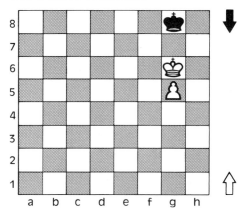

2. Trait aux noirs.
   Nulle.

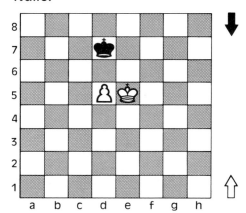

Conseils aux blancs

1. Pour pouvoir aider le pion, le roi doit être devant ou à côté du pion.

2. Garde tes deux pièces proches quand le roi ennemi menace ton pion.

Conseils aux noirs

1. Reste proche du pion ennemi et en avant.

2. Tiens-toi autant que possible sur la même colonne que le roi ennemi en laissant une seule case entre les deux (en opposition).

3. Trait aux blancs.
   Nulle.

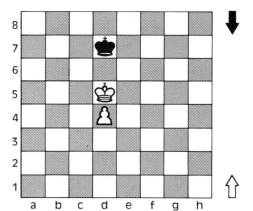

4. Trait aux noirs.
   Les blancs gagnent.

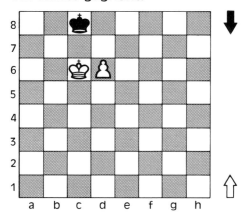

COUP DE POUCE

La notation

Dans chacun des diagrammes suivants, deux coups sont indiqués. Celui des blancs est noté. Peux-tu noter celui des noirs?

1. Blancs   **Noirs**
Tb3   ?

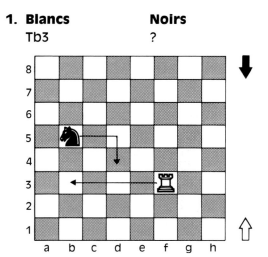

2. Blancs   **Noirs**
De4+   ?

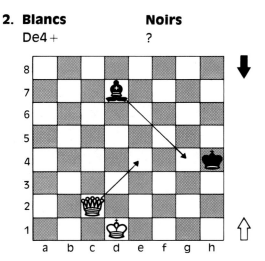

3. Blancs   **Noirs**
Dxh5   ?

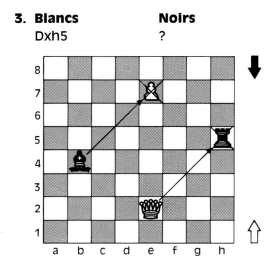

4. Blancs   **Noirs**
exf5   ?

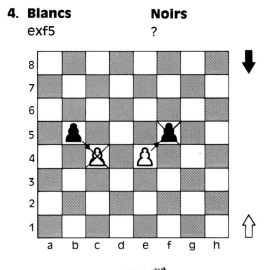

27

COUP DE POUCE

La notation

Dans chaque diagramme, deux coups sont indiqués. Celui des blancs est déjà noté. Peux-tu noter celui des noirs?

1. Blancs   **Noirs**
Td1xd8   ?

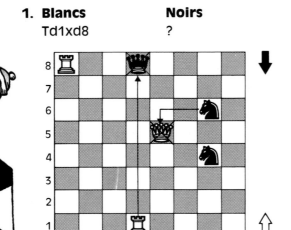

2. Blancs   **Noirs**
Td8+   ?

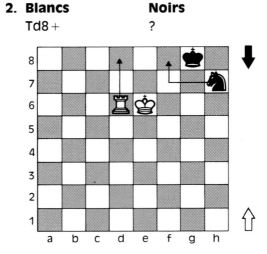

3. Blancs   **Noirs**
Dxd5+   ?

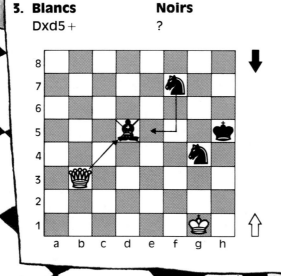

Pour les as

4. Blancs   **Noirs**
d4   ?

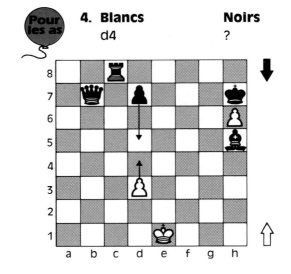

COUP DE POUCE ★★★★★★

Échec et mat

Dans chacun de ces diagrammes, les blancs peuvent faire échec et mat en un seul coup.
Note-le.

1.

2.

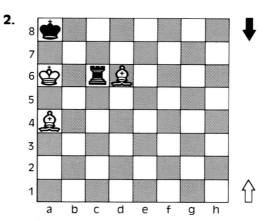

Pour les as

4.

3.

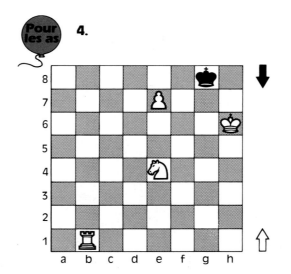

LOGIQUE B-29

Dans chacun de ces diagrammes, les blancs peuvent faire mat en un seul coup. Note-le.

1.

2.

3.

4.

LOGIQUE B-30

1. Trait aux blancs. Les blancs font MAT en deux coups. Note-les.

Blancs	Noirs
1. ?	?
2. ? MAT	

2. Trait aux noirs. Les noirs font MAT en deux coups. Note-les.

Blancs	Noirs
1. ...	?
2. ?	? MAT

3. Trait aux blancs. Les blancs font MAT en deux coups. Note-les.

Blancs	Noirs
1. ?	?
2. ? MAT	

4. Malgré les apparences, cette partie ne sera pas nulle! Le trait est aux blancs et ils vont réussir à passer un pion. Note de quelle façon.

Blancs	Noirs
1. ?	?
2. ?	?
3. ?	?

LOGIQUE B-31

1. Malgré l'avantage apparent des blancs, ils ne gagneront pas cette partie. Les noirs jouent en premier et la partie sera nulle. Trouve la solution et note les coups.

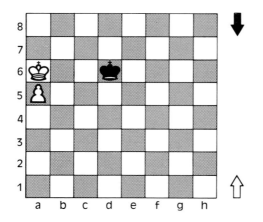

2. Les blancs jouent et gagnent. Note la solution.

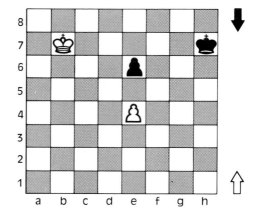

3. Si les noirs jouent bien, ils éviteront la défaite. Note la solution.

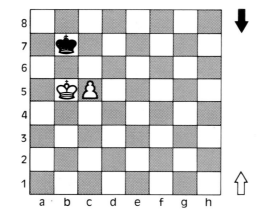

4. Si les blancs jouent bien, le roi noir ne pourra pas arrêter le pion. Exerce-toi avec un ou une camarade.

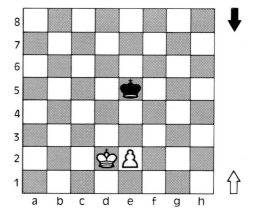

LOGIQUE B-32

Résumé des principales règles

LOGIQUE B-33

Les mouvements du pion

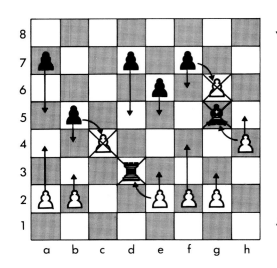

Chaque flèche indique un déplacement de pion qui est permis.

Les coups marqués d'un X indiquent que le pion capture cette pièce.

Le pion doit toujours avancer. Il ne peut ni reculer ni se déplacer horizontalement.

Le pion *marche droit devant* mais *capture de côté*.

Lorsqu'il est *sur sa ligne de départ*, le pion peut avancer d'une ou deux cases, *à son choix*.

Les mouvements de la reine

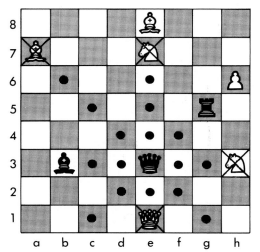

La reine noire peut aller, en un seul coup, dans l'une ou l'autre des cases marquées d'un point noir.

Elle peut aussi capturer l'une ou l'autre des pièces marquées d'un X.

Une reine se déplace *en colonne, en rangée* ou *en diagonale*, d'une ou de plusieurs cases à la fois.

LOGIQUE B-34

Les mouvements du fou

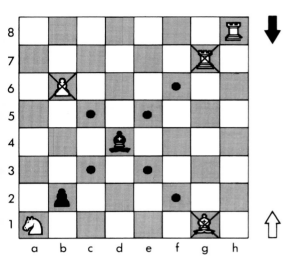

Le fou peut aller en un seul coup dans l'une ou l'autre des cases marquées d'un point noir.

Il peut aussi capturer l'une ou l'autre des pièces marquées d'un X.

Le fou ne se déplace qu'*en diagonale*, d'une ou de plusieurs cases à la fois.

Les mouvements de la tour

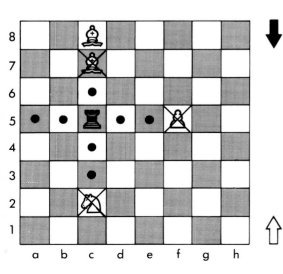

La tour peut aller en un seul coup dans l'une ou l'autre des cases marquées d'un point noir.

Elle peut aussi capturer l'une ou l'autre des pièces marquées d'un X.

La tour ne se déplace qu'*en colonne* ou *en rangée*, d'une ou de plusieurs cases à la fois.

Les mouvements du cavalier

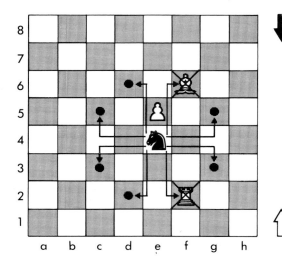

Le cavalier peut aller en un seul coup dans l'une ou l'autre des cases marquées d'un point noir.

Il peut aussi capturer l'une ou l'autre des pièces marquées d'un X.

Le cavalier est la seule pièce qui peut sauter par-dessus des cases occupées. Il ne capture pas les pièces qu'il enjambe, seulement celle qui est placée sur la case d'arrivée.

Le cavalier se déplace *en suivant un L.*

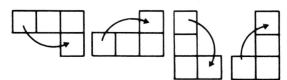

Les mouvements du roi

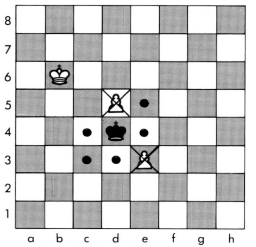

Le roi est une pièce importante, mais il est plutôt faible.

Il ne se déplace que d'*une seule case à la fois, dans n'importe quelle direction.*

Il peut capturer toute pièce placée dans une case qu'il touche.

Il ne doit *jamais rester en échec ni se placer lui-même en échec.*

LOGIQUE B-36

Position des pièces au départ

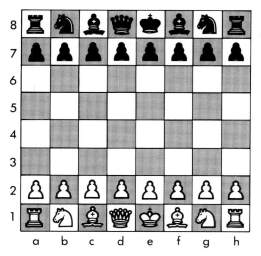

Les blancs occupent toujours les lignes 1 et 2 au bas du diagramme.

Chaque joueur doit toujours avoir une case blanche à sa droite.

Ce sont toujours les blancs qui commencent.

La prise en passant: une exception

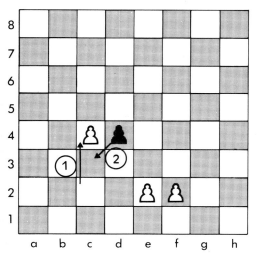

① Le pion blanc vient de sauter de la case c2 à la case c4.

② Le pion noir va capturer ce pion en passant de la case d4 directement à la case c3, comme si le pion s'y était arrêté. C'est la prise en passant.

Ce coup est plutôt rare aux échecs. *Seul un pion* peut prendre un pion en passant. La prise en passant doit se faire *immédiatement au coup qui suit* le saut d'un pion de sa ligne de départ. Le pion capturé doit avoir fait *un saut de deux cases* pour être pris en passant. Cette prise n'est cependant pas obligatoire.

37

LOGIQUE B-37

Un coup important: le roque

Le roque est un coup très important. Tout bon joueur essaie de le réaliser à chacune de ses parties.

Seuls le roi et l'une des deux tours peuvent effectuer ce petit pas... de danse. C'est un excellent coup pour protéger ton roi et pour amener ta tour au combat.

Comment roquer?

1. La tour glisse vers le roi et s'arrête dans la case voisine.

2. Le roi passe de l'autre côté de la tour déplacée.

3. Voilà le *petit roque*. Il se passe du côté de la tour la plus rapprochée.

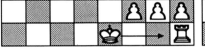 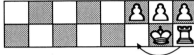 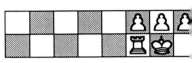

Ou bien...

---

1. La tour glisse vers le roi et s'arrête dans la case voisine.

2. Le roi passe de l'autre côté de la tour déplacée.

3. Voilà le *grand roque*. Il se passe du côté de la tour la plus éloignée.

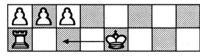  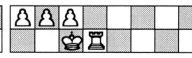

Mais pour pouvoir roquer, tu dois respecter chacune des quatre conditions suivantes:

1. Le roi et la tour impliqués n'ont jamais bougé auparavant.
2. Les cases entre le roi et la tour sont inoccupées.
3. Le roi n'est pas en échec.
4. Le roi n'est pas en échec dans la case qu'il enjambe ni, bien sûr, dans la case d'arrivée.

LOGIQUE B-38

Quelques règles importantes

1. Un pion qui atteint la ligne de fond du territoire ennemi doit être remplacé par une reine, un cavalier, un fou ou une tour dans la case où il se trouve. Il ne peut pas rester pion.

2. Un roi est *mat* seulement si une pièce le met en échec et s'il ne peut parer cet échec d'aucune façon. Voir le diagramme 1.

3. Un roi ne peut pas être capturé par surprise ni par erreur. Par courtoisie, il est d'usage d'annoncer l'échec au roi. Si par erreur un joueur place son propre roi en échec, le coup est nul et doit être repris.

Diagramme 1

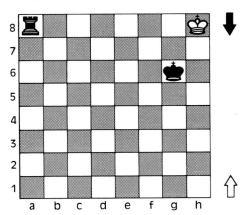

Le roi blanc est *mat*.

4. Un roi est *pat* si aucune pièce ne le met en échec et si aucune pièce ne peut être jouée sans placer le roi en échec. Voir le diagramme 2.

Diagramme 2

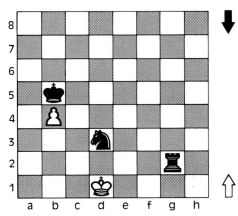

Le roi blanc est *pat*.

5. La partie est nulle si

   a) l'un des rois est pat;

   b) la même position des pièces apparaît pour une troisième fois dans la même partie;

   c) 50 coups sont joués sans qu'aucun pion ne bouge ou sans aucune capture;

   d) il y a accord entre les adversaires.

LOGIQUE B-39

Répertoire de la notation

1, 2, 3, 4, 5, 6, 7, 8	les rangées
a, b, c, d, e, f, g, h	les colonnes
−	déplacement
×	prise
+	échec
MAT	échec et mat
0-0	petit roque
0-0-0	grand roque
e.p.	prise en passant
:D	pion promu à la dame
R	roi
D	dame
T	tour
F	fou
C	cavalier

Pour un pion, aucune lettre n'est utilisée pour désigner la pièce qui se déplace.

Quelques exemples commentés

T a 4	La tour se déplace jusqu'à la case a 4.
C h 5	Le cavalier se déplace jusqu'à la case h 5.
e 4	Le pion (aucune lettre) se déplace jusqu'à la case e 4.
D × a 6	La dame (ou la reine) capture la pièce de la case a 6.
a × b 6	Le pion de la colonne a capture la pièce de la case b 6. Pour un pion, on indique toujours la colonne d'origine lors d'une capture.
b 8 :D	Un pion atteint l'extrémité du jeu et devient une reine.
T a 2 × a 6	La tour placée en a 2 capture la pièce de la case a 6. On met la case d'origine quand il y a possibilité de confusion. Par exemple, s'il y a une autre tour en b 6.
T a 2 − a 6	La tour placée en a 2 se déplace jusqu'à la case a 6. On met la case d'origine quand il y a possibilité de confusion. Par exemple, s'il y a une autre tour en b 6.
D × g 7 +	La reine capture la pièce de la case g 7 et met le roi ennemi en échec.
C c 7 MAT	Le cavalier se déplace à la case c 7 et met le roi ennemi échec et mat.

LOGIQUE C-40

«Élémentaire, mon cher Watson!»

L'Express du Nord s'engouffre dans un long tunnel. Un crime se prépare…

Dans un compartiment, à la sortie du tunnel, la princesse Farah est en larmes.

Mes diamants!!! On m'a volé mon collier. Je l'avais déposé sur cette table et… il n'y est plus.

Il était pourtant il y a une minute!

On confia l'enquête au célèbre détective Sherlock Holmes, certes le plus fin limier au monde.

Il est bien certain que la personne qui a volé le collier est l'un des passagers qui occupaient ce compartiment.

La porte était verrouillée de l'intérieur avant et après le passage dans le tunnel. Personne n'a quitté le compartiment.

De plus, pour voler le collier, il a fallu que le coupable se lève, car personne n'était près de la table à l'exception de la princesse Farah.

Le compartiment a été passé au peigne fin. Les sept passagers ont tous été fouillés, même la princesse. Nul n'a quitté ce compartiment pendant et après le vol. Pourtant le collier reste introuvable.

41

LOGIQUE C-41

Ah! Cette fenêtre a été ouverte. On l'a sûrement levée pour lancer le collier à l'extérieur en espérant aller le chercher plus tard dans le tunnel.

Tiens, des traces laissées dans la buée sur la vitre. Cette personne portait des gants!

La fouille des passagers permit à Sherlock Holmes de constater que Clara, Ahmed, Galia et Eddy portaient des gants. Aucune autre paire de gants ne fut découverte dans tout le compartiment, dans les vêtements ou dans les bagages.

Sherlock Holmes interrogea ensuite chacun des passagers sur leurs allées et venues au moment où le train se trouvait dans le tunnel.

Son enquête prouva que seuls Diana, Billy, Clara et Galia se levèrent de leur siège dans le tunnel. De plus, Diana et Galia restèrent debout côte à côte à discuter dans l'obscurité, tandis que Clara et Eddy se tinrent la main tout le temps ayant peur du noir.

Mesdames et messieurs, je sais qui a volé le collier que l'on retrouvera sans doute dans le tunnel. Je puis affirmer qu'une seule personne a commis ce crime et qu'elle est ici, parmi nous. Grâce à de petites déductions élémentaires, j'ai maintenant les preuves qu'il me faut. Une petite visite dans le tunnel me donnera raison...

Et toi?
Peux-tu en faire autant?

42

LOGIQUE C-42

Qui a mangé le serin Jonas?

Jonas, mon serin, a quitté sa cage et il a été dévoré. Voici les seuls animaux qui ont circulé près de ma maison cette journée-là.

Il est certain que:

Seul un animal à poil a pu dévorer le serin.

Des poils de chat ont été retrouvés avec les plumes de Jonas sur le toit.

Pompon est un chat, Comtesse aussi.

1. Où placeras-tu Pompon dans le diagramme de Venn?

2. Reproduis le diagramme de Carroll et place chaque animal au bon endroit.

3. Dans le diagramme de Venn, y a-t-il une zone vide? Si oui, laquelle et pourquoi?

4. Pipo n'a pas d'ailes. Il est placé dans la zone 1 du diagramme de Venn. Qui est Pipo?

5. Pompon a tellement peur de Méo, le bouledogue, qu'il est resté toute la journée caché dans la poubelle. Dans quelle zone du diagramme de Venn placeras-tu Méo?

6. Nomme l'animal qui a mangé Jonas.

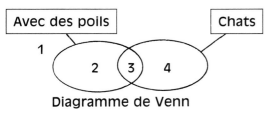

Diagramme de Venn

	Chats	Non-chats
Poils	a	b
Non-poils	c	d

Diagramme de Carroll

LOGIQUE C-43

Chacun son métier...

Voici cinq personnages. Tu trouveras également des indices concernant leur profession.

Marie-Josée Claude Jacques

Lise Nicole Michel

Médecins | **?**

1 2 3 4

Diagramme de Venn

Indices:

Certaines de ces femmes sont médecins.

Nicole est une femme de 37 ans.

1. Reproduis d'abord le diagramme de Venn et complète les étiquettes que suggèrent les indices.

2. Nicole est-elle médecin? Explique ta réponse.

3. Jacques est architecte depuis 10 ans. Dans quelle zone du diagramme vas-tu le placer?

4. Y a-t-il des zones dans le diagramme où il serait impossible de placer quelqu'un? Si oui, laquelle ou lesquelles?

5. Marie-Josée exerce la même profession que Michel. Elle est placée dans la zone 3 du diagramme. Quelle est sa profession? Dans quelle zone placeras-tu Michel?

6. Claude est dans la zone 4. Que sais-tu maintenant de Claude?

7. Lise est médecin. Deux femmes du groupe sont notaires. Lesquelles?

LOGIQUE C-44

La planète des Zigs

1. Les Zigs habitent sur la planète Plouc, à l'autre bout du cosmos. Sur Plouc, il y a plus de Zags que de Zigs.

	Cheveux orange	Cheveux non orange
Zigs	1	2
Non-Zigs	3	4

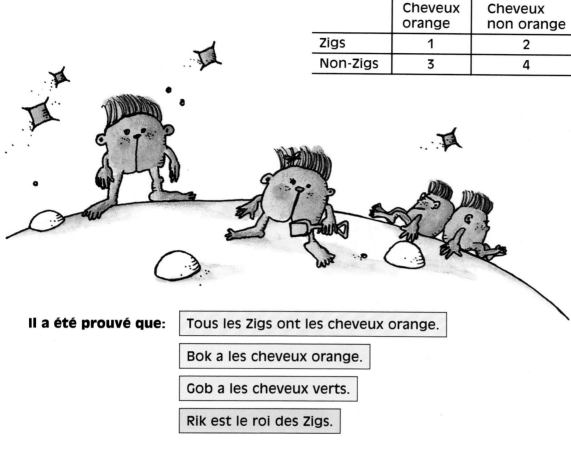

Il a été prouvé que:

Tous les Zigs ont les cheveux orange.

Bok a les cheveux orange.

Gob a les cheveux verts.

Rik est le roi des Zigs.

a) Gob est-il un Zig? Prouve ta réponse.

b) Dans le diagramme de Carroll, où placerais-tu le Père Noël?

c) Dans le diagramme de Carroll, où placerais-tu Rik? Gob? Bok? Justifie tes réponses.

d) Comment faut-il être pour se retrouver dans la zone 2 du diagramme de Carroll?

2. Peux-tu tracer un diagramme de Venn qui décrirait la même situation que le diagramme de Carroll du haut de cette page?

3. Vrai ou faux?

a) Tous ceux qui ont les cheveux orange sont des Zigs.

b) Certaines personnes aux cheveux orange sont des Zigs.

c) Si je n'ai pas les cheveux orange, je n'habite pas la planète Plouc.

45

LOGIQUE C-45

1. Ces quatre propositions sont vraies:

> Tous les humains mangent de la viande ou des végétaux.

> Victor ne mange que des insectes.

> Certains adultes ne mangent pas de viande.

> Les champignons sont des végétaux.

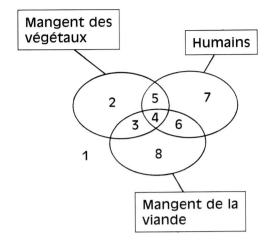

a) Dans quelle zone du diagramme te placerais-tu?

b) Quelles conclusions tires-tu si Marcel est placé dans la zone 1? 3? 5? 8? Donne un exemple pour illustrer chaque cas.

c) Que peux-tu dire de Victor? Où le placerais-tu dans le diagramme?

d) Il y a une zone du diagramme où tu ne pourras rien placer. Laquelle et pourquoi?

e) Linda est une femme. Es-tu certain(e) qu'elle mange de la viande? Justifie ta réponse.

Pour les problèmes suivants, les deux premières propositions sont vraies. Note si les autres sont vraies (V), fausses (F) ou incertaines (I).

2.
> Les philosophes lisent beaucoup.

> Pauline est philosophe.

a) Pauline lit beaucoup.

b) Les femmes sont philosophes.

c) Les philosophes sont des femmes.

d) Les philosophes s'appellent Pauline.

e) Il y a une philosophe qui s'appelle Pauline.

f) Aucune Pauline n'aime la lecture.

3.
> Aucun musicien n'est sourd.

> Jacques n'est pas sourd.

a) Jacques est musicien.

b) Les sourds ne sont pas musiciens.

c) La musique rend sourd.

d) Il y a des musiciens qui se nomment Jacques.

e) Jacques n'aime pas la musique.

f) Il y a des musiciens sourds.

46

LOGIQUE C-46

Pour chaque numéro, écris une proposition se rapportant aux deux propositions déjà fournies qui sont vraies. Note si ta proposition est vraie (V), fausse (F) ou incertaine (I). Discute de tout cela avec tes camarades.

1. Tous les chiens aboient.
Pataud est un chien.

2. Quelques chiens aiment les chats.
Jules est mon chat.

3. Les automobiles sont des véhicules.
La Capri est une automobile.

4. Dans un pommier, il y a des pommes.
Dans une pomme, il y a des pépins.

5. Le coton est lavable.
Cette chemise est lavable.

6. Peu d'ours sont pacifiques.
Rosko est un ours.

7. Charlène cultive les fleurs.
La tulipe est une fleur.

8. London est une ville de l'Ontario.
L'Ontario fait partie du Canada.

COUP DE POUCE

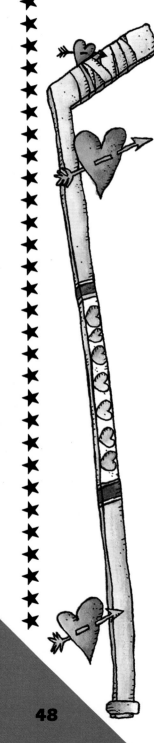

1. Voici des phrases qui sont vraies.

Plusieurs Montréalais aiment le hockey.
Lison habite à Régina.
Lison aime le hockey.

Lequel des diagrammes suivants illustre le mieux ces propositions.

a)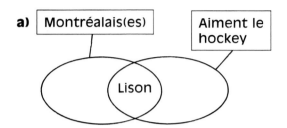

b)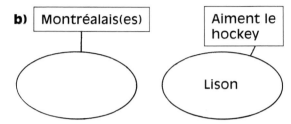

c)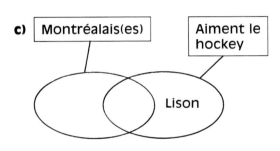

d)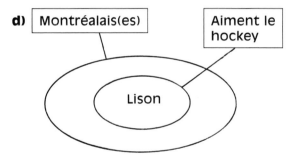

2. Le diagramme placé à droite te parle de certaines plantes. Les phrases suivantes sont-elles vraies (V), fausses (F) ou incertaines (I)?

a) J'ai une plante nommée Verdi.

b) Philo est une plante dont les feuilles ne sont pas dentelées.

c) L'une de mes plantes est une violette.

d) Je n'ai pas de plante à feuilles dentelées.

e) L'une de mes plantes n'a pas de feuilles dentelées.

f) Fouga n'est pas l'une de mes plantes.

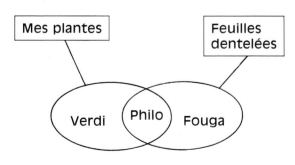

48

COUP DE POUCE ✶✶✶✶✶✶

1. Dans ce diagramme, on a placé des éléments en respectant les étiquettes. Celles-ci ont été effacées. Sais-tu ce qui était noté sur chacune?

2. Observe bien ces illustrations. Certains de ces objets vont bien ensemble. Trouve des propriétés qui te permettraient de construire un diagramme de Carroll pour les ranger tous. Tu seras un as si tu peux trouver au moins deux solutions différentes.

	?	?
?	a	b
?	c	d

Diagramme de Carroll

LOGIQUE C-49

Copie d'abord le diagramme suivant.

	Professionnel(le)s		Amateur(e)s		
Pianistes					Femmes
					Hommes
Flûtistes					Femmes
					Hommes
	Populaires	Peu connu(e)s	Populaires	Peu connu(e)s	

Tous les indices suivants sont vrais.

1. Tous les flûtistes amateurs sont peu connus.

2. Rares sont les professionnels peu connus.

3. Les amateurs sont moins populaires.

4. Toutes les femmes pianistes sont populaires.

5. Aucun homme professionnel n'est pianiste.

6. Tous les flûtistes professionnels sont des hommes.

7. Les hommes peu connus ne sont pas des amateurs.

En te servant de ton diagramme, que peux-tu conclure au sujet des pianistes et flûtistes suivants?

a) Jeanne est flûtiste.

b) Réjean est amateur.

c) Michelle est professionnelle.

d) Marc est populaire.

e) Suzie est peu connue.

f) Julien est pianiste.

LOGIQUE C-50

Une bibliothèque scolaire compte de nombreux livres. Ce sont des documentaires ou des volumes divers; certains sont illustrés, certains ont été publiés et enfin, certains sont inscrits dans le catalogue.

Reproduis d'abord le diagramme suivant sur une feuille.

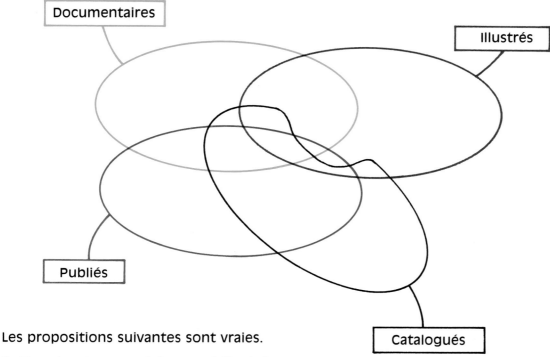

Les propositions suivantes sont vraies.

1. Tous les documentaires sont illustrés.

2. Tous les volumes publiés sont inscrits au catalogue.

3. Les illustrés qui ne sont pas publiés ne sont pas des documentaires.

Les propositions suivantes se rapportent aux livres de cette bibliothèque. Sont-elles vraies (V), fausses (F) ou incertaines (I)?

a) Tous les documentaires illustrés qui sont au catalogue sont publiés.

b) Tous les documentaires illustrés qui sont publiés sont au catalogue.

c) Le catalogue contient surtout des documentaires.

d) Certains illustrés ne sont pas publiés.

e) Tous les romans non illustrés sont publiés.

f) Les biographies du catalogue sont illustrées.

g) Il y a plus de romans que de documentaires.

h) Les volumes publiés et illustrés qui ne sont pas dans le catalogue sont des documentaires.

i) Si un documentaire est dans le catalogue, alors il est illustré.

Ce soir, c'est papa qui prépare le repas. Il aimerait bien faire un dessert nouveau. Il se demande bien lequel. Les idées ne viennent pas.

Mais grâce à cette recette facile à suivre, il pourra préparer une savoureuse salade de fruits.

Recette

Salade de pommes et de bananes

1. *Ingrédients:* bananes, pommes, jus de citron, sucre et mayonnaise.
2. Trancher les bananes.
3. Les rouler dans du jus de citron et du sucre.
4. Mélanger les bananes à une égale quantité de pommes tranchées.
5. Si désiré, incorporer des noix hachées.
6. Servir avec de la mayonnaise.

Les recettes sont écrites par les as de la cuisine. N'importe qui peut ensuite les suivre et se régaler!

Voici des robots programmables. Ils sont incapables d'effectuer un travail par eux-mêmes. Comme tous les ordinateurs, ils ne sont pas intelligents. Pour accomplir des tâches, il faut d'abord qu'un cerveau humain leur fabrique une recette. On appelle cela *programmer*.

Pour un cerveau humain, il est facile de séparer les rouges des noires dans un jeu de cartes. Pour réaliser cela, des robots ont besoin d'une recette.

C'est pourtant si simple!

Peux-tu écrire la recette qui te permet de séparer les cartes rouges des cartes noires? Soit précis(e) et n'oublie rien. Les robots sont incapables de deviner quoi que ce soit.

LOGIQUE D-52

1. Avec quelques camarades, écris la recette et dessine l'ordinogramme permettant de classer des polygones en deux ensembles: ceux qui sont concaves et ceux qui sont convexes. L'ordinogramme doit permettre de classer exactement 8 figures avant de s'arrêter.

2. Avec quelques camarades, écris la recette et trace l'ordinogramme permettant de classer des nombres entiers en deux ensembles: ceux qui sont pairs et ceux qui sont impairs. L'ordinogramme doit permettre de classer exactement 5 nombres pairs avant de s'arrêter. La quantité de nombres impairs classés n'a pas d'importance.

LOGIQUE D-53

1. Voici le plan d'une usine de robots, on dit aussi un *ordinogramme*. Ne t'occupe pas des cercles numérotés pour l'instant. Avec quelques camarades, observe bien cet ordinogramme et écris ce qu'il exécute.

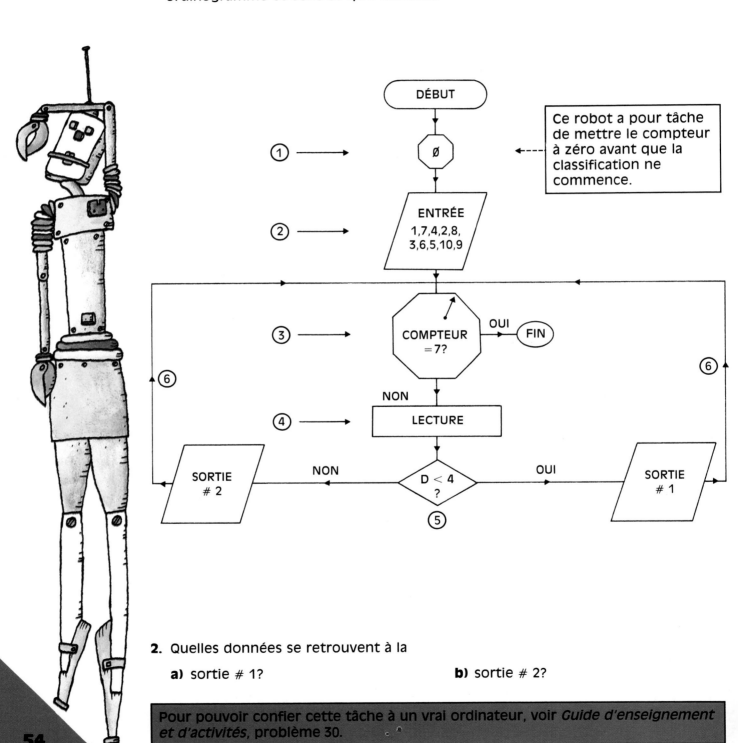

DÉBUT

① ⟶ Ø

Ce robot a pour tâche de mettre le compteur à zéro avant que la classification ne commence.

② ⟶ ENTRÉE
1,7,4,2,8,
3,6,5,10,9

③ ⟶ COMPTEUR = 7? ⟶ OUI ⟶ FIN

NON

④ ⟶ LECTURE

⑥

⑤ D < 4 ?

NON ⟶ SORTIE # 2

OUI ⟶ SORTIE # 1

⑥

2. Quelles données se retrouvent à la

a) sortie # 1?

b) sortie # 2?

Pour pouvoir confier cette tâche à un vrai ordinateur, voir *Guide d'enseignement et d'activités*, problème 30.

54

LOGIQUE D-54

Voici un autre ordinogramme.

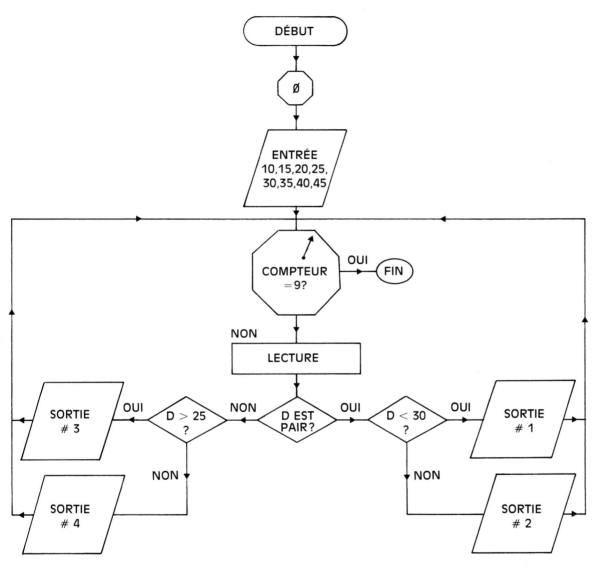

1. Quels nombres se dirigeront à la

   a) sortie # 1?   b) sortie # 2?

   c) sortie # 3?   d) sortie # 4?

2. Quelles propriétés doit avoir un nombre pour se diriger

   a) à la sortie # 2?   b) à la sortie # 3?

3. Vérifie tes réponses du numéro 2 en plaçant les nombres suivants dans l'entrée. Où iront-ils?

   a) −100   b) $\frac{1}{2}$ c) 5286   d) 27

LOGIQUE D-55

1. Les instructions suivantes ont perdu leurs numéros et sont en désordre. Numérote-les correctement puis reproduis l'ordinogramme en le complétant.

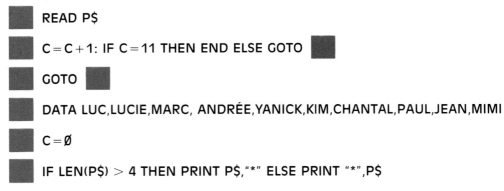

READ P$

C = C + 1: IF C = 11 THEN END ELSE GOTO ▮

GOTO ▮

DATA LUC,LUCIE,MARC, ANDRÉE,YANICK,KIM,CHANTAL,PAUL,JEAN,MIMI

C = Ø

IF LEN(P$) > 4 THEN PRINT P$,"*" ELSE PRINT "*",P$

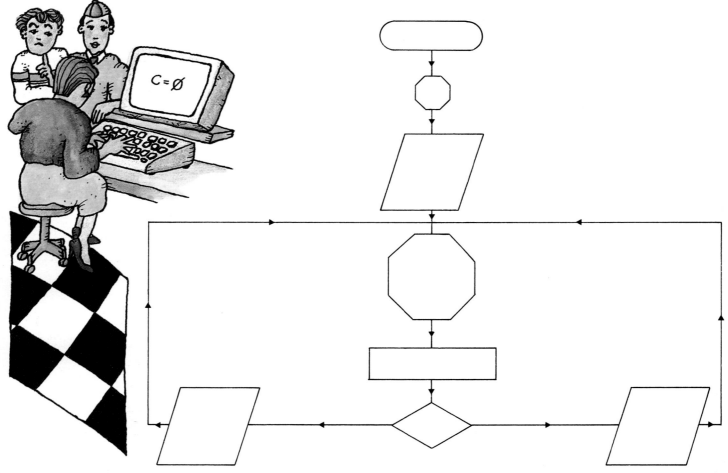

2. À quoi sert ce programme?

3. Si tu possèdes un ordinateur, vérifie toi-même tes solutions.

LOGIQUE D-56

1. Écris un programme qui permettra à l'ordinateur d'effectuer le travail décrit par cet ordinogramme. Utilise le BASIC français ou anglais. À quoi sert cet ordinogramme?

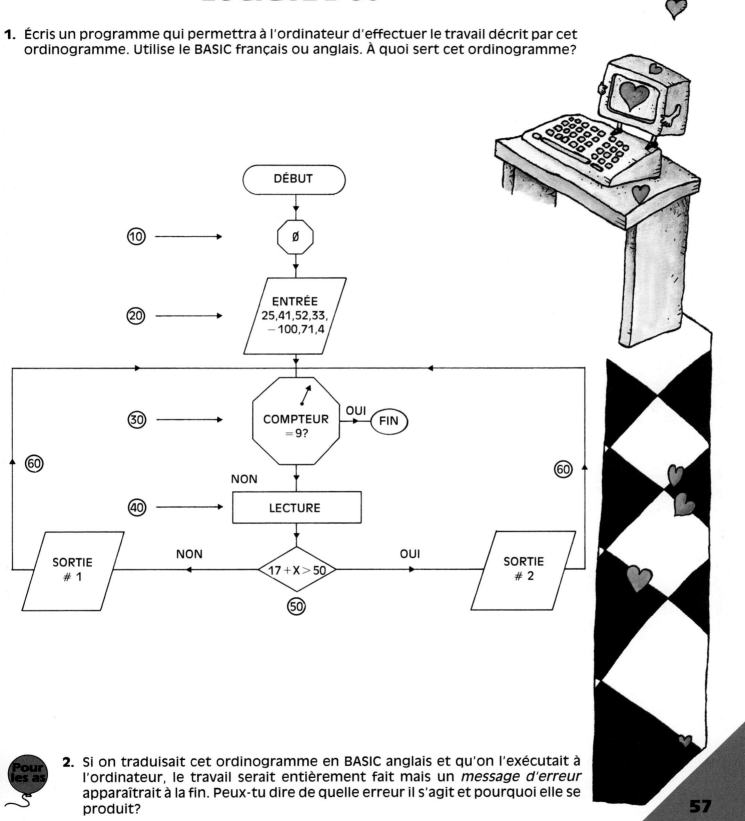

DÉBUT

⑩ → Ø

⑳ → ENTRÉE
25,41,52,33,
−100,71,4

㉚ → COMPTEUR = 9? —OUI→ FIN

㉚ ㊱ 60

NON

㊵ → LECTURE

SORTIE # 1 ←NON— 17 + X > 50 —OUI→ SORTIE # 2

㊿

60

2. Si on traduisait cet ordinogramme en BASIC anglais et qu'on l'exécutait à l'ordinateur, le travail serait entièrement fait mais un *message d'erreur* apparaîtrait à la fin. Peux-tu dire de quelle erreur il s'agit et pourquoi elle se produit?

Pour les as

COUP DE POUCE

1. Voici un ordinogramme qui décrit un appareil bien commode dans une cuisine.

    a) Peux-tu décrire le travail qui est effectué ici?

    b) À quoi sert cet appareil?

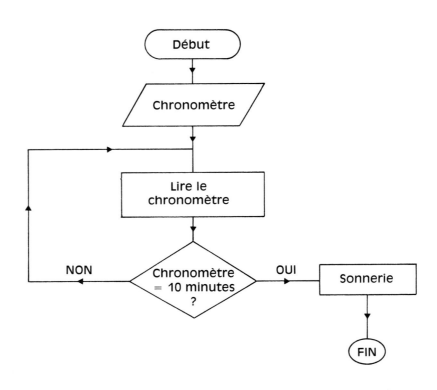

2. Voici une recette qui a été écrite pour des robots.

    ① Prendre toutes les cartes d'animaux.

    ② Regarder une carte.

    ③ Répondre à cette question: «Vit-il en Amérique?»

    ④ Si oui, le placer dans la boîte, sinon le placer dans le tiroir.

    ⑤ Reprendre à l'étape 2.

    a) Peux-tu tracer un ordinogramme décrivant exactement cette recette?

    b) Tu seras un as si tu ajoutes un compteur qui arrêtera la classification dès que 4 cartes seront dans la boîte.

LOGIQUE D-58

1. Dessine l'ordinogramme qui classerait les cartes en deux ensembles: les trèfles et les autres. Ton ordinogramme doit prévoir un compteur qui arrêtera la classification *dès que* 5 trèfles auront été classés ou *dès que* 7 cartes qui ne sont pas des trèfles auront été déposées.

2. Voici deux programmes BASIC qui classent des données. Chacun contient des erreurs. Corrige-les puis traduis-les en BASIC anglais pour les vérifier à l'ordinateur. Que réalise chacun de ces programmes?

a) 5   C = Ø
    10   ÉCRIS BONJOUR! JE VAIS CLASSER 1Ø NOMBRES."
    20   DONNÉES: 7, 8, 1Ø, 15, 19, 21, 26, 3Ø, 1ØØ, 125
    30   LIS D
    40   SI D EST MULTIPLE DE 5 ALORS ÉCRIS "D" SINON VA À 5Ø
    50   C = C + 1: SI C = 11 ALORS VA À 6Ø SINON VA À 4Ø
    60   FIN

> **NOTE:** *SI D EST MULTIPLE DE 5* se traduit par *IF INT(D/5) = D/5*

b) 5   C = O
    10   ÉCRIS CE PROGRAMME EST PLUS DIFFICILE!
    20   LIS D,P$
    30   DONNÉES PIERRE, 7, JOSIANE, 6, CARL, 9, NADIA, 8, JULIE, 7, ÉRIC, 7, LOUISE, 8, ANNIE, 7, NATACHA, 8, ANDRÉA, 7
    40   C = C + 1: SI C = 11 VA À 8Ø SINON VA À 5Ø
    50   SI D = 7 VA À 6Ø SINON VA À 2Ø
    60   SI LONG(P$) = 5 ALORS ÉCRIS P$,D SINON VA À 7Ø
    70   VA À 2Ø
    80   FIN

59

LOGIQUE D-59

Les programmes de cette unité

1. Logique D-53

```
1   C=Ø
2   DATA 1, 7, 4, 2, 8, 3, 6, 5, 10, 9
3   C=C+1: IF C=7 THEN END ELSE GOTO 4
4   READ D
5   IF D<4 THEN PRINT D,"*" ELSE PRINT "*",D
6   GOTO 3
```

> NOTE: Si ton ordinateur n'accepte pas la commande ELSE, remplace les lignes 3, 5 et 6 par:
> ```
> 3   C=C+1: IF C=7 THEN END
> 5   IF D<4 THEN PRINT D,"*": GOTO 3
> 6   PRINT "*",D
> 7   GOTO 3
> ```
> Conserve toutes les autres lignes telles quelles.

2. Logique D-54

```
1Ø    C=Ø
2Ø    DATA 10, 15, 2Ø, 25, 3Ø, 35, 4Ø, 45
3Ø    C=C+1: IF C=9 THEN END ELSE GOTO 4Ø
4Ø    READ D
5Ø    IF INT(D/2)=D/2 THEN GOTO 1ØØ ELSE GOTO 6Ø
6Ø    IF D>25 THEN PRINT "*","*",D,"*" ELSE PRINT "*","*","*",D
7Ø    GOTO 3Ø
1ØØ   IF D<3Ø THEN PRINT D,"*","*","*" ELSE PRINT "*",D,"*","*"
11Ø   GOTO 3Ø
```

> NOTE: Si ton ordinateur n'accepte pas la commande ELSE, remplace les lignes 5Ø à 11Ø par:
> ```
> 5Ø    IF INT (D/2)=D/2 THEN GOTO 9Ø
> 6Ø    IF D>25 THEN PRINT "*","*",D,"*": GOTO 3Ø
> 7Ø    PRINT "*","*","*",D
> 8Ø    GOTO 3Ø
> 9Ø    IF D<3Ø THEN PRINT D,"*","*","*": GOTO 3Ø
> 1ØØ   PRINT "*",D,"*","*"
> 11Ø   GOTO 3Ø
> ```

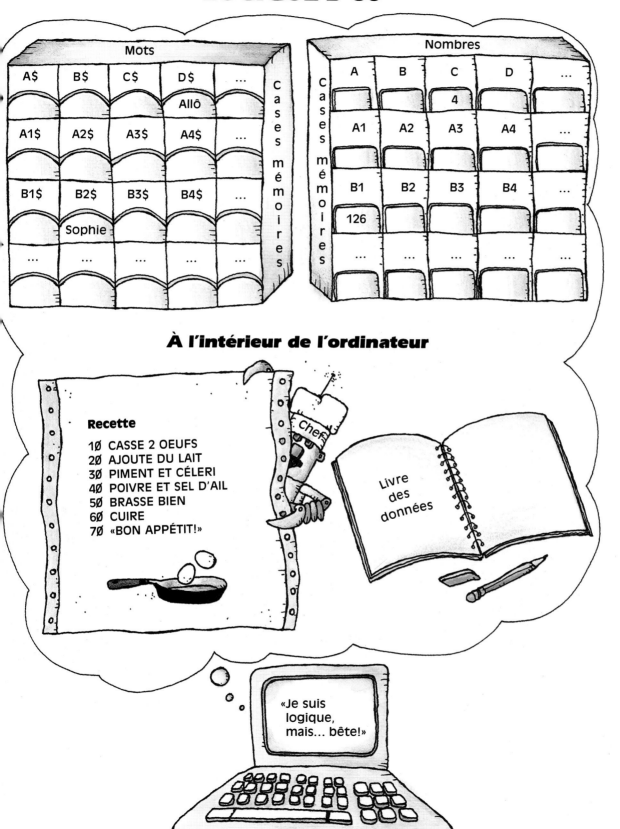

À l'intérieur de l'ordinateur

Cases mémoires

Mots

A$	B$	C$	D$	…
			Allô	
A1$	A2$	A3$	A4$	…
B1$	B2$	B3$	B4$	…
	Sophie			
…	…	…	…	

Nombres

A	B	C	D	…
		4		
A1	A2	A3	A4	…
B1	B2	B3	B4	…
126				
…	…	…	…	

Recette

1Ø CASSE 2 OEUFS
2Ø AJOUTE DU LAIT
3Ø PIMENT ET CÉLERI
4Ø POIVRE ET SEL D'AIL
5Ø BRASSE BIEN
6Ø CUIRE
7Ø «BON APPÉTIT!»

Chef

Livre des données

«Je suis logique, mais… bête!»

LOGIQUE D-61

Signe de l'ordinogramme	Rôle du robot	BASIC anglais	BASIC français
⊘	Place le compteur à zéro.	$C = \emptyset$	$C = \emptyset$
COMPTEUR C=... → OUI ↓ NON	Avance le compteur puis vérifie s'il faut continuer ou non. C'est un compteur.	$C = C + 1$:IF C=... THEN END ELSE...	$C = C + 1$:SI C=... ALORS FIN SINON...
ENTRÉE	Recueille l'ensemble des données du programme comme dans un carnet de notes. C'est un surveillant d'entrée.	DATA...,...,...	DONNÉES ...,...,...
SORTIE	Sort des données, par exemple, en les mettant à l'écran. C'est un surveillant de sortie.	PRINT "*", D par exemple	ÉCRIS "*", D par exemple
LECTURE	Lit une donnée dans le carnet de notes (ENTRÉE). C'est un opérateur (traitement de données).	READ D ou READ P$ ou READ P$,D	LIS D ou LIS P$ ou LIS P$,D
NON ← ? → OUI	Décide si la condition est réalisée ou non. C'est un décideur.	IF... THEN... ELSE...	SI... ALORS... SINON...
FIN	Signifie la fin du travail des robots.	END	FIN
DÉBUT	Se place pour montrer où commence le travail des robots.	L'ordinateur commence toujours le travail en choisissant le plus petit numéro de ligne du programme.	Aucune commande

Échanges
et équivalences

ÉCHANGES ET ÉQUIVALENCES A-1

Le châtelain et le corbeau

Il était une fois un châtelain fort incommodé par la présence d'un corbeau ayant fait son nid dans la tour de son château. Sans répit, l'oiseau ravageait les champs du royaume. Le châtelain décida d'éliminer cet indésirable visiteur.

Pendant de longues heures, le châtelain s'enfermait dans la tour de garde guettant le retour du corbeau. Mais l'oiseau ne s'y laissait pas prendre. Perché sur un arbre voisin, il ne retournait à son nid qu'au départ du châtelain dépité.

Le châtelain imagina donc la ruse suivante: Deux hommes armés d'un fusil entreront dans la tour. Un seul quittera, l'autre attendant le retour du corbeau.

Le corbeau fut plus malin. Il resta perché jusqu'au départ du deuxième chasseur.

ÉCHANGES ET ÉQUIVALENCES A-2

Le châtelain et le corbeau

Nullement découragé, le châtelain amena cette fois deux compagnons. Lui demeurerait dans la tour, tandis que les deux autres repartiraient. Cette fois encore, le malin corbeau ne se laissa nullement déjouer. Il ne revint à son nid qu'après le départ du troisième chasseur...

Le lendemain, quatre chasseurs entrèrent dans la tour de garde. Trois d'entre eux en ressortirent laissant le châtelain à l'intérieur. Malheureusement, l'ingénieux corbeau attendit patiemment le départ du dernier homme sans broncher de son refuge.

Le jour suivant, cinq chasseurs se dirigèrent vers la tour.

Un, deux, trois, quatre, ma p'tite vache a mal aux pattes...

Cette fois, le corbeau fut déjoué. Quand les quatre premiers chasseurs eurent quitté la tour de garde, l'oiseau revint confiant vers son nid. On raconte que l'homme se contenta d'effrayer l'astucieux corbeau qui ne revint jamais déranger un si rusé adversaire.

ÉCHANGES ET ÉQUIVALENCES A-3

Des chiffres de bergers

Il y a de cela quelques millénaires, cette jeune bergère, regardant passer les bêtes de son troupeau, décide de graver des entailles sur son bâton.

Le soir venu, à chaque bête qui passe, Maya laisse glisser son doigt d'une entaille à l'autre. C'est astucieux, mais quelque peu encombrant...

> C'est un peu difficile à voir. Mais tous mes moutons sont de retour...

Peux-tu facilement compter les entailles sur son bâton?

Pour y voir plus clair, Maya invente un nouveau système. Les entailles permettent aisément de s'assurer que toutes les bêtes sont de retour. De plus, le nombre de moutons est plus facile à VOIR et à RETENIR.

Nos ancêtres se sont beaucoup servis d'un système d'entailles comme celui de Maya. Observe bien ces bâtons découverts par des archéologues.

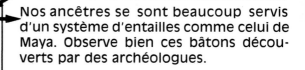

Bâton de berger découvert en Dalmatie.

Bâton d'irrigation des Zunis du Nouveau-Mexique.

Ce système a donné naissance à l'écriture de chiffres que tu connais. Quels sont ces chiffres?

Combien Maya a-t-elle de moutons? Explique son invention.

ÉCHANGES ET ÉQUIVALENCES A-4

1. Au début, les Romains écrivaient ainsi les nombres de 1 à 15.
I, II, III, IIII, V, VI, VII, VIII, VIIII, X, XI, XII, XIII, XIIII, XV.
Peux-tu écrire les nombres de 16 à 30 selon ce système?

2. Ensuite, l'écriture des chiffres romains fut modifiée:
I, II, III, IV, V, VI, VII, VIII, IX, X, XI, XII, XIII, XIV, XV.
Peux-tu expliquer ce changement d'écriture? Récris de cette façon les nombres romains de 20 à 39.

3. Pour écrire tous les nombres de 1 à 100, les Romains n'utilisaient que cinq symboles différents:

I	pour 1
V	pour 5
X	pour 10
L	pour 50
C	pour 100

Combien utilisons-nous de symboles différents pour écrire les nombres de 1 à 100 dans notre système moderne de numération?

VIAM·FECEI·AB·REGIO·AD·
CAPUAM·ET·IN·EA·VIA·PONTEIS·
OMNEIS·MILIARIOS·TABELA~
RIOSQVE·POSEIVEI·HINCESVNT
NOVCERIAM·MEILIA·LI·CAPUAM
XXCIIII·MVRANUM·LXXIIII
COSENTIAM·CXXIII·VALEN~
TIAM·CLXXX.

4. Que signifient:

a) XXVI? **b)** LXIX? **c)** CXXXVIII?

d) XCIII? **e)** XCIX? √ **f)** CCXCIV?

5. Comment écrit-on en chiffres romains modernes:

a) 122? **b)** 200? **c)** 244?

6. Pour te faire une idée des difficultés qu'auraient pu éprouver les scientifiques du moyen-âge avec leur système, essaie de compléter ces égalités.

a) XXVI + XV = # **b)** XLVII + CXXIV = # **c)** CLV − XLI = #

Évidemment, tu ne dois pas traduire ces nombres dans notre système de nombres.

ÉCHANGES ET ÉQUIVALENCES A-5

Le soccer mathématique

Règlements

1. Au soccer mathématique, deux équipes de 6, 7 ou 8 joueurs chacune s'affrontent.

2. Les joueurs de chaque équipe sont numérotés de 1, pour le joueur de centre, à 6, 7 ou 8, selon le cas, pour le gardien de but (voir l'exemple à la page suivante).

3. Pour la mise en jeu, l'arbitre montre une carte éclair aux deux joueurs de centre (numéros 1). Le premier à donner la bonne réponse passe à l'attaque et affronte l'ailier droit adverse (numéro 2). On montre une autre carte éclair à ces deux joueurs. Le plus rapide poursuit l'attaque. Le joueur qui a été surpassé retourne occuper sa position initiale.

4. Pour chaque carte éclair, **seulement les deux joueurs qui s'affrontent ont droit de réponse**. Chaque joueur n'a droit qu'à une seule réponse par carte éclair. Toute erreur équivaut à une bonne réponse de l'adversaire.

5. Un joueur progresse à l'attaque tant qu'il n'est pas arrêté par l'adversaire. Le joueur qui l'a stoppé passe à son tour à l'attaque **en allant directement affronter le joueur dont le numéro suit celui du joueur qu'il vient d'arrêter**.

6. Pour marquer, il faut **être à l'attaque** et **être plus rapide que le gardien de but adverse**. N'importe quel joueur peut marquer, même le gardien.

7. Si un gardien de but est stoppé au moment où il est à l'attaque, il revient protéger son but contre le joueur qui vient de l'arrêter. Dans ce cas, ces deux joueurs s'affrontent deux fois de suite.

8. Après chaque but, l'arbitre procède à une nouvelle mise en jeu entre les deux joueurs de centre.

9. Un match dure 5 minutes.

ÉCHANGES ET ÉQUIVALENCES A-6

Le soccer mathématique

Exemple à 7 joueurs

Une mise en jeu. Le centre des **Bleus** a été le plus rapide.

Le numéro 1 des **Bleus** a déjoué les six premiers adversaires. Mais le gardien des **Roses** a été plus rapide que lui.

Le gardien des **Roses** va affronter le numéro 2 des **Bleus**, qui le stoppe. Le numéro 2 des **Bleus** passe à l'attaque et va tenter de marquer contre le gardien des **Roses**, qui revient défendre son but.

Des machines à compter: bouliers et abaques

Voici un boulier qui est encore en usage de nos jours et qui fut l'une des premières machines à calculer inventées par nos ancêtres. On l'appelle le *boulier russe* ou *stchoty*.

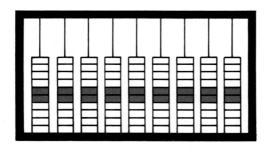

Chaque tige supporte 10 anneaux. Le cinquième et le sixième sont colorés pour en faciliter la lecture.

Pourrais-tu facilement dire combien d'anneaux sont enfilés autour de chaque tige s'il n'y avait pas d'anneaux colorés?

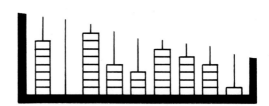

Essaie maintenant de voir en un coup d'œil combien d'anneaux sont placés sur chaque tige.

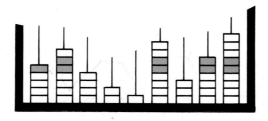

Ce boulier permet des lectures beaucoup plus rapides.

La planche à calculer, tout comme le boulier russe, permet de bien visualiser un nombre. Pour cela, tu dois disposer tes jetons de manière à bien voir leur nombre dans chaque colonne. Quel nombre est représenté sur chacune de ces planches?

a)

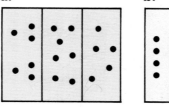

b)

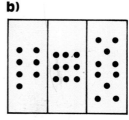

c)

d)

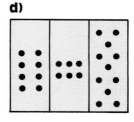

ÉCHANGES ET ÉQUIVALENCES A-8

1. Utilise ta planche à calculer pour découvrir les nombres décomposés.

    a) 3 unités + 4 dizaines + 5 centaines = #

    b) 5 centaines + 4 unités + 7 dizaines − 2 unités − 3 centaines = #

    c) 8 centaines − 2 dizaines + 6 dizaines − 5 centaines = #

    d) 0 dizaine − 3 unités + 4 centaines + 6 unités = #

    e) 12 dizaines + 17 unités = #

    f) 15 dizaines − 15 unités = #

    g) 748 − 12 unités + 2 centaines − 11 dizaines = #

2. Effectue les opérations suivantes avec ta planche à calculer.

    a) 400 + 100 + 20 + 3 + 80 = #   **b)** 109 + 701 = #

    c) 18 + 100 + 43 − 2 dizaines = #   **d)** 471 − 9 − 80 = #

    e) 111 + 222 + 333 + 44 = #   **f)** 520 − 600 = #

    g) 449 + 182 − 378 = #   **h)** 647 + 289 = #

    i) 3 × (2 centaines + 16 unités) = #   **j)** 143 × 6 = #

    k) $\dfrac{2 \text{ dizaines} + 4 \text{ centaines} + 12}{4}$ = #   **l)** 538 ÷ 2 = #

3. Effectue les opérations qui suivent à l'aide de ta planche à calculer. Note ensuite toutes les étapes. Consulte les fiches COUP DE POUCE, ÉCHANGES ET ÉQUIVALENCES A-10 à A-17 au besoin.

    a) 365 + 83 = #   **b)** 3 × 257 = #

    c) 504 − 123 = #   **d)** 528 ÷ 4 = #

    e) 287 + 469 = #   **f)** 5 × 143 = #

    g) 600 − 137 = #   **h)** 732 ÷ 3 = #

ÉCHANGES ET ÉQUIVALENCES A-9

1. Arrondis ces nombres à la plus proche centaine.

   a) 237   **b)** 551   **c)** 681   **d)** 913

   e) 750   **f)** 347   **g)** 149   **h)** 28

2. Arrondis ces nombres à la plus proche dizaine.

   a) 284   **b)** 719   **c)** 505   **d)** 417

   e) 302   **f)** 444   **g)** 315   **h)** 16

3. Complète les égalités suivantes; utilise ta planche à calculer au besoin.

   a) 3 centaines + 5 unités + # dizaines = 395

   b) 5 centaines + # unités + 3 dizaines = 543

   c) # dizaine(s) + # dizaine(s) + 3 centaines = 600

   d) # centaines + # unités + 4 dizaines = 764

   e) 7 dizaines − # + 6 centaines = 640

   f) # − 2 unités − 4 dizaines = 558

   g) 9 unités − # + 4 centaines = 209

   h) # + 8 unités − 5 dizaines = 318

   i) 7 dizaines + # + 8 unités = 780

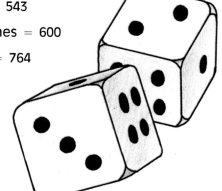

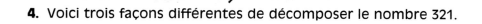

4. Voici trois façons différentes de décomposer le nombre 321.

321 = 3 centaines + 2 dizaines + 1 unité
321 = 2 centaines + 12 dizaines + 1 unité
321 = 1 centaine + 20 dizaines + 21 unités

   a) Trouve 5 façons différentes de décomposer le nombre 524.

   b) Échange ton cahier avec un ou une camarade et corrige ses réponses.

COUP DE POUCE ★★★★★★

Représente sur ta planche le nombre qu'exprime chaque dessin, puis écris ce nombre.

1. a) Quel est ce nombre? #

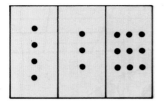

2. a) Quel est ce nombre? #

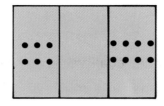

b) Quel est ce nombre? #

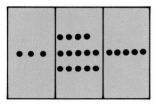

b) Quel est ce nombre? #

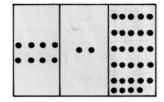

c) Quel est ce nombre? #

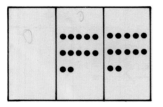

c) Quel est ce nombre? #

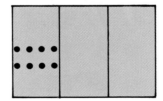

d) Quel est ce nombre? #

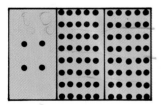

d) Quel est ce nombre? #

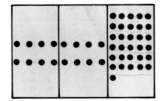

e) Quel est ce nombre? #

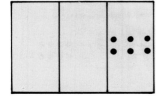

e) Quel est ce nombre? #

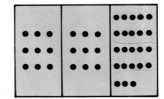

COUP DE POUCE

Dans chacun des cas suivants, les deux planches à calculer doivent représenter deux nombres égaux. Reproduis la planche de droite en ajoutant le nombre de jetons qui manquent dans la zone indiquée par la flèche.

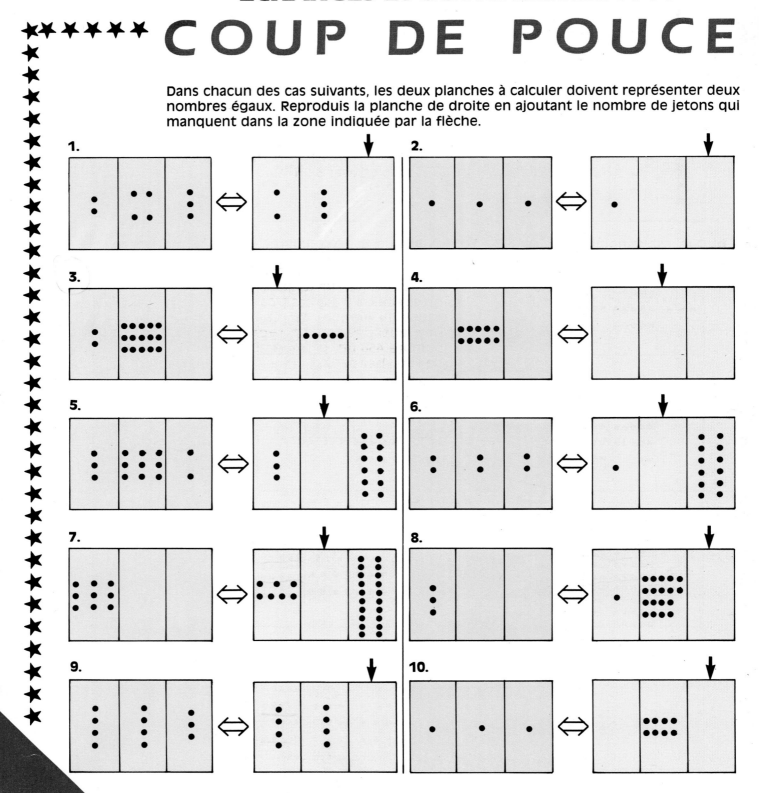

COUP DE POUCE ★★★★★★

1. Voici une façon de représenter le nombre 141 sur la planche à calculer.

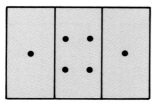

Si tu désires enlever 3 unités à ce nombre, cette représentation n'est pas très commode. Trouve une autre façon de représenter 141 qui permettrait facilement d'enlever 3 unités.

2. Voici une façon de représenter le nombre 456 sur la planche à calculer.

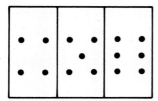

Si tu désires diviser ce nombre en deux parties égales sur ta planche, cette représentation n'est pas très commode, à cause du nombre de dizaines. Trouve une autre façon de représenter le nombre 456 qui permettrait facilement de le diviser par 2.

3. Pour chaque nombre représenté, trouve une meilleure représentation qui permettrait d'effectuer l'opération demandée.

a)

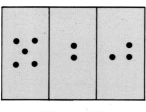

523 − 140 = #

b)

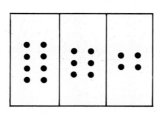

864 ÷ 4 = #

c)

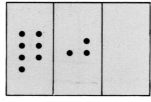

730 − 56 = #

d)

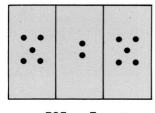

525 ÷ 3 = #

e)

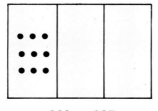

900 − 283 = #

f)

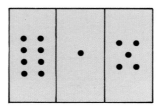

815 ÷ 5 = #

COUP DE POUCE

Simon a calculé 627 + 292 à l'aide de sa planche à calculer. Il a ensuite noté toutes les étapes dans son calepin.

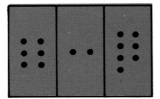

1) Poser 627.

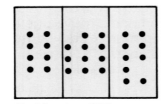

2) Ajouter 292.

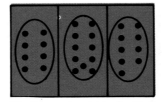

3) Regrouper à chaque position.

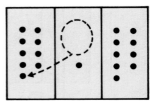

4) Faire l'échange.

627

627
+ 292

627
+292
8 ⑪ 9

627
+292
8⑪9
9 1 9

1. À ton tour maintenant de noter toutes les étapes de cette addition : 562 + 328.

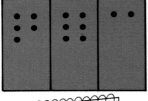

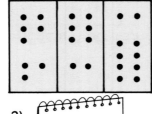

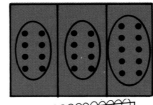

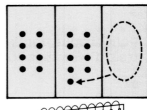

1)

2)

3)

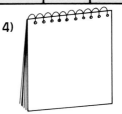

4)

2. Note toutes les étapes de cette addition : 146 + 76.

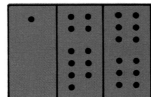

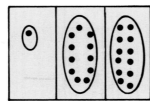

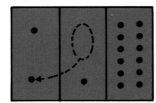

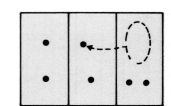

COUP DE POUCE ✶✶✶✶✶✶

Marie-Claude a calculé 547 − 183 à l'aide de sa planche à calculer. Elle a ensuite noté toutes les étapes dans son calepin.

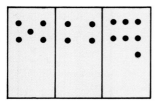 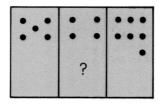 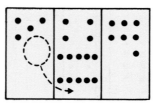 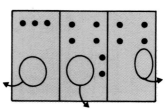

1) Poser 547.

2) Il sera difficile d'enlever les 8 dizaines, il n'y en a que 4.

3) Transformer la représentation de 547 en une représentation plus commode.

4) Soustraire à chaque position.

   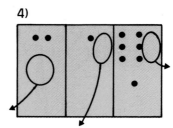

---

1. À ton tour maintenant de noter chacune des étapes pour 651 − 434 = #.

1)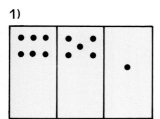

2)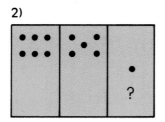

3)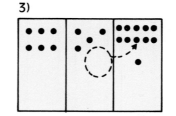

4)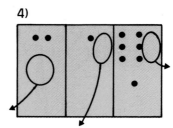

---

2. Note chacune des étapes pour 314 − 78 = #.

1)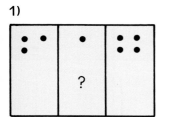

2)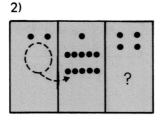

3)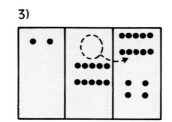

4)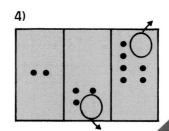

COUP DE POUCE

Francis a effectué l'opération 152 × 3 à l'aide de sa planche à calculer. Il a ensuite noté toutes les étapes dans son calepin.

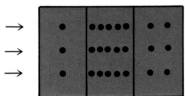

1) Placer 3 fois 152.

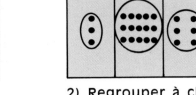

2) Regrouper à chaque position.

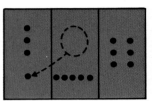

3) Faire l'échange.

1. À ton tour maintenant de noter chacune des étapes pour 2 × 415 = #.

1)

2)

3)

2. Note chacune des étapes pour 4 × 135 = #.

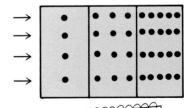

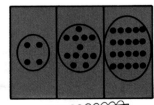

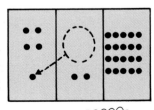

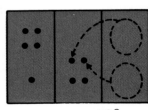

1)

2)

3)

4)

COUP DE POUCE ★★★★★★

Karine a effectué l'opération 372 ÷ 3 à l'aide de sa planche à calculer. Elle a ensuite noté toutes les étapes dans son calepin.

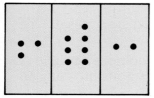

1) Poser 372.

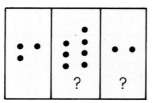

2) Les dizaines et les unités se partagent mal en 3 parties égales.

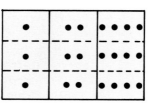

3) Transformer la re-présentation en une autre plus commode.

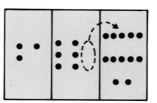

4) Partager en parties égales.

---

1. À ton tour maintenant de noter chacune des étapes pour 540 ÷ 2 = #.

1)

2)

3)

4)

---

2. Note chacune des étapes pour 516 ÷ 4 = #.

1)

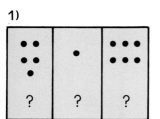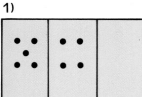

2)

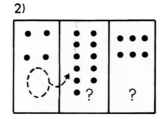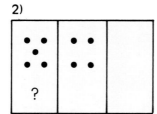

3)

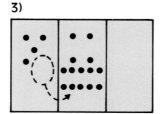

4)

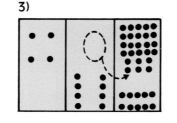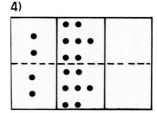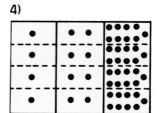

79

COUP DE POUCE

1. Voici une façon de décomposer le nombre 792.

> 792 = 7 centaines + 9 dizaines + 2 unités

Cette décomposition ne permet pas d'enlever *directement* le nombre 148. Elle ne permet pas non plus de diviser 792 par 6. Trouve des décompositions qui conviendraient mieux pour chaque cas.

2. Observe bien les étapes qui ont été notées dans ces calepins. Utilise ta planche à calculer pour suivre le déroulement. Tu découvriras ainsi les erreurs qui ont été commises.

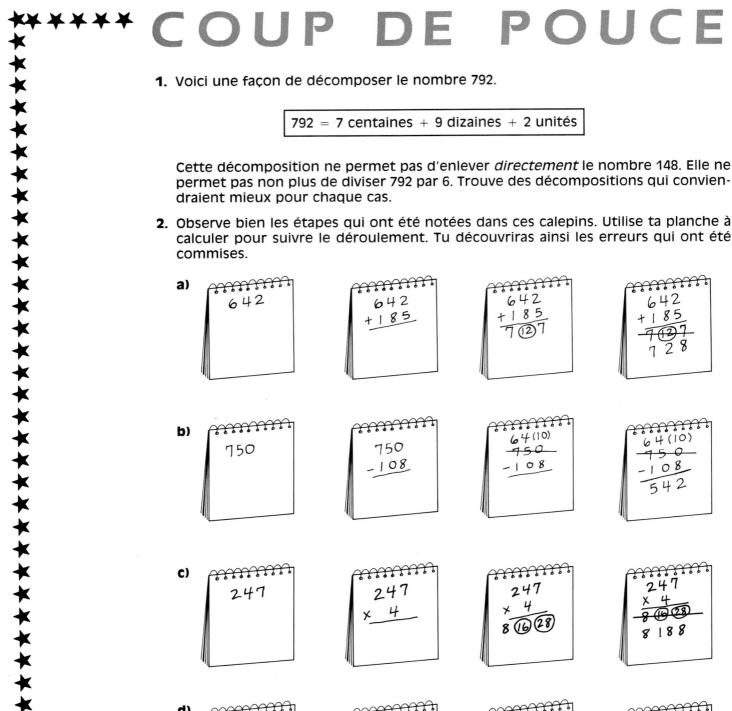

ÉCHANGES ET ÉQUIVALENCES A-18

Sous chaque carré se cache un seul chiffre. Découvre-le.

a)
```
  □ 4 1
+ 3 8 □
───────
  8 □ 7
```

b)
```
  □ 3 0
+ 1 □ 9
───────
  9 2 □
```

c)
```
  7 7 □
+ □ □ 6
───────
  8 1 3
```

d)
```
  3 □ 2
+ □ 7 0
+ 2 8 □
───────
  8 8 1
```

e)
```
  □ 8 9
- 3 □ 7
───────
  3 3 □
```

f)
```
  □ 4 □
- 3 5 2
───────
  4 0 2
```

g)
```
  8 □ □
- 1 9 7
───────
  □ 0 3
```

h)
```
  7 1 □
- 2 □ 8
+ 1 3 5
───────
  □ 5 2
```

i)
```
  □ 1 2
×     □
───────
  8 □ 8
```

j)
```
  □ 0 □
×     2
───────
  2 □ 8
```

k)
```
  2 □ □
×     3
───────
  □ 4 1
```

l)
```
  2 □ □
×     2
×     2
───────
1 □ 7 2
```

m) $\dfrac{□\,□\,3}{3} = 251$

n) $\dfrac{□\,1\,2}{2} = 2\,□\,6$

o) $\dfrac{□\,1\,3}{3} = 1\,□\,□$

p) $\dfrac{□\,□\,2\,2}{6} = 5\,□\,7$

81

1. Pour chaque opération, les nombres utilisés ne contiennent jamais deux fois le même chiffre. Cherche quels chiffres ont été voilés. Trouve pour chaque cas toutes les solutions possibles.

a)
```
    8 □ □
  + □ 7 □
  ───────
    □ 2 1
```

b)
```
    8 2 □
  − □ 1 □
  ───────
    □ □ 7
```

c)
```
      □ □ 9
    ×     □
  ─────────
    1 □ 3 6
```

d) $\dfrac{\square\,4\,2\,\square}{3} = 1\,\square\,\square\,\square$

2. Voici des opérations où les chiffres ont été remplacés par des lettres. Tu dois respecter les règles suivantes.

- Deux lettres différentes représentent toujours deux chiffres différents.
- Si deux lettres identiques figurent dans une même opération, elles représentent obligatoirement le même chiffre.

---

a)
```
    A A A A
  + B B B B
  + C C C C
  ─────────
  B A A A C
```

b)
```
    B O N          B O N
  + A S          − A S
  ─────────      ─────────
  D É F I          S U A
```

BON et AS sont les mêmes nombres dans les deux cas.

ÉCHANGES ET ÉQUIVALENCES B-20

Des nombres fous, fous, fous!

Une grande chaîne de restaurants spécialisée dans la vente de hambourgeois a réussi à en vendre un nombre incroyable de 60 milliards depuis sa fondation. En plaçant ces hambourgeois côte à côte, on ferait environ 150 fois le tour de la terre!

Avec 60 milliards de hambourgeois, on pourrait emplir, de la cave au grenier, environ 40 000 maisons individuelles...

Depuis ta naissance, il s'est écoulé environ 5 millions de minutes!

S'il était possible d'empiler 10 millions de pièces de 25 cents, on obtiendrait une colonne haute de 15 000 mètres, soit deux fois la hauteur du mont K-2, point le plus haut du monde!

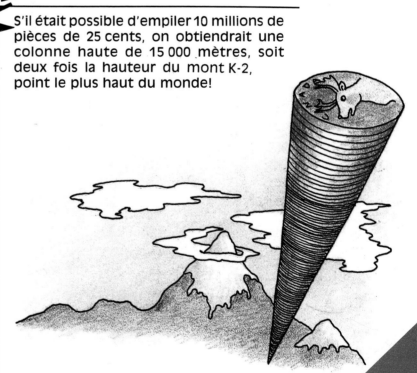

Ouf! De quoi attraper le vertige...

ÉCHANGES ET ÉQUIVALENCES B-22

Les Ovniens arrivent!

Aujourd'hui, grande nouvelle: des soucoupes volantes sont apparues sur tous les écrans radars du monde.

Quels êtres étranges découvrirons-nous dans ces vaisseaux extra-terrestres? Préparons-nous à les accueillir dignement.

Envoyés de la planète Ohlala, éloignée de nous de plusieurs zillions de kilomètres, les Ovniens sont des robots venus nous parler de leur univers et se renseigner sur notre civilisation. Ils ont tant de choses à raconter. Nous chercherons ici à comprendre leurs curieuses façons de calculer. Heureusement, les nombres sont un langage universel...

ÉCHANGES ET ÉQUIVALENCES B-23

Cette addition a été effectuée par un Ovnien avec la *technique des tirets*. Observe bien chacune des étapes.

```
  3 6 5 7        3 6 5 7        3 6 5 7        3 6 5 7        3 6 5 7
+   8 1 9      +   8 1 9      +   8 1 9      +   8 1 9      +   8 1 9
-------        -------        -------        -------        -------
3              3 4            3 4 6          3 4 6 6        3 4 6 6
                                                           4 4 7 6
```

1. À ton tour maintenant d'utiliser la même technique.

a)   2 6 5 3
       +1 7 2 9

b)   1 5 6 0 8
       +   1 7 9 3

c)   2 6 5 2 1
       +   7 5 8 7

2. Voici des additions plus difficiles. Peux-tu les effectuer avec la technique des tirets?

a) 496 + 2769 + 16 854 = #

b) 45 231 + 709 + 1649 = #

3. L'addition qui suit a été effectuée avec la technique des tirets.

```
  4 7 2 1 3
+   8 1 9 8
---------
4 5 3 0 1
5 5 4 1 1
```

Quelle est la valeur:

a) du tiret sous le 3?

b) du tiret sous le 0?

c) du tiret sous le 4?

Pour les as

4. Pour chacun des cas suivants, une erreur a été commise. Peux-tu la découvrir?

a)   7 8 4
        +1 3 2 5 8
        ----
        1 3 9 3 1 2
        1 3 0 3 1 2
        1 4 0 3 1 2

b)   6 2 8 4
       +1 3 2 3
       ----
       7 5 0 7
       7 4 0 7

c)   3 2 5 3
           7 8 2
       + 1 6 6 7
           5 0 3
       ----
       4 0 9 5
       6 1 0 5

ÉCHANGES ET ÉQUIVALENCES B-24

1. Louisette et un Ovnien viennent de faire une addition, chacun à sa façon.

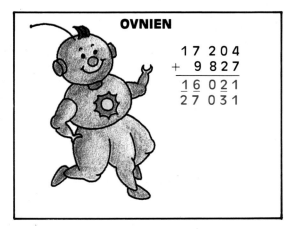

OVNIEN

```
  17 204
+  9 827
  16 021
  27 031
```

LOUISETTE

```
  17 204
+  9 827
1 ⑯ ⑩ 2 ⑪
  27 031
```

Place-toi avec quelques camarades et discutez des questions suivantes.

a) Quelles sont les différences entre ces deux techniques?

b) Quelles sont les ressemblances?

c) Avec d'autres nombres, les ressemblances sont-elles toujours les mêmes?

d) Laquelle de ces techniques préfères-tu? Pourquoi?

2. Effectue ces additions à ta façon.

a)
```
   259
+  370
```

b)
```
  5214
+  975
```

c)
```
  16 648
+  2 937
```

d)
```
  1736
+  842
  3903
```

e)
```
  18 504
+    926
   1 542
```

f)
```
   8956
+  5437
   1092
```

ÉCHANGES ET ÉQUIVALENCES B-25

Cette soustraction a été effectuée par un Ovnien avec la technique des tirets. Observe bien chacune des étapes.

```
  6 4 0 8        6¹4 0 8        6¹4¹0 8        6¹4¹0 8        6¹4¹0 8
– 1 9 5 2      – 1 9 5 2      – 1 9 5 2      – 1 9 5 2      – 1 9 5 2
  5̲              5̲ 5            5̲ 5 5          5̲ 5 5 6        5̲ 5 5 6
                                                            4 4 5 6
```

1. À ton tour maintenant d'utiliser la même technique.

a)   7312
       – 1804

b)   12 547
       – 1 762

c)   21 209
       – 16 387

2. Voici des soustractions plus difficiles. Peux-tu les effectuer avec la technique des tirets?

a) 123 502 – 36 287 = #   **b)** 70 000 – 10 432 = #

3. La soustraction qui suit a été effectuée avec la technique des tirets.

```
  5¹0 9¹0¹3
–   7 6 9 4
  5̲ 3 3̲ 1 9
  4 3 2 0 9
```

Que signifie:

a) le tiret sous le 3?

b) le tiret sous le 5?

c) le tiret sous le 1?

4. Pour chacun des cas suivants, une erreur a été commise. Peux-tu la découvrir?

a)   7 9¹2¹0
       – 3 8 5 7
         4 1̲ 7̲ 3
         4 0 8 3

b)   1¹7 5 2 4
       –   8 2 5 1
         1̲ 9 3 3 3
         0 9 3 3 3

c)   4¹5¹0¹3¹0
       –   7 3 5 6
         4 8̲ 7̲ 8 4
         3 7 6 8 4

88

ÉCHANGES ET ÉQUIVALENCES B-26

1. Antoine et un Ovnien viennent de faire une soustraction, chacun à sa façon.

OVNIEN

```
  1¹6 2¹0 9
-   8 1 5 6
  1 8 1 5 3
  0 8 0 5 3
```

ANTOINE

```
   ⑯  1 ⑩ 9
  1 6 2 0 9
-   8 1 5 6
    8 0 5 3
```

Place-toi avec quelques camarades et discutez des questions suivantes.

a) Quelles sont les différences entre ces deux techniques?

b) Quelles sont les ressemblances?

c) Avec d'autres nombres, les ressemblances sont-elles toujours les mêmes?

d) Laquelle de ces techniques préfères-tu? Pourquoi?

2. Effectue ces soustractions à ta façon.

a)
```
   576
-  187
```

b)
```
  2721
- 1804
```

c)
```
  36 512
-  7 094
```

d)
```
  5000
- 1742
```

e)
```
  13 521
-  1 517
```

f)
```
  7442
- 1447
```

ÉCHANGES ET ÉQUIVALENCES B-27

Place-toi avec un ou une camarade. Uti-lisez chacun votre planche à calculer pour résoudre les problèmes et les exer-cices de cette page.

1. Sur la minuscule planète Ohlala vivent 200 000 habitants. Parmi eux, il y en a 45 500 qui ont les cheveux bleus. Tous les autres ont les cheveux rouges. Combien d'habitants de la planète Ohlala ont les cheveux rouges?

2. La planète Ohlala mesure exactement 7300 kilomètres de diamètre. Quel est le rayon de cette planète?

3. Le rayon de la Terre mesure exacte-ment 6 378 000 mètres. Quel est le dia-mètre de la Terre en kilomètres?

4. Quels sont ces nombres qui ont été décomposés?

a) 3 u.m + 12 c + 4 d + 13 d.m + 7 u

b) 13 c + 2 d.m − 4 d + 128 − 1039

c) 5 × (6 u.m + 4 d + 3 c.m)

d) (13 267 − 4 u.m − 3 d) ÷ 3

e) (3 × 5 d.m) + (2 × 8 c) + 2 896 204

f) 10 215 + 13 c − 6 d + 8 u.m

g) 6 d.m × 2 + 9 c − 1 d − 2014

h) (2 d.m ÷ 4) − (5 c ÷ 2)

i) (1 c.m + 73 u) ÷ 4

ATTENTION!
u veut dire unité
d veut dire dizaine
c veut dire centaine
u.m veut dire unité de mille
d.m veut dire dizaine de mille
c.m veut dire centaine de mille

5. Écris ces nombres en chiffres.

a) Trente mille deux cent trois.

b) Un million trois cent douze.

c) Cent deux mille.

d) Cinquante mille trois.

e) Vingt millions deux mille quatre-vingts.

ÉCHANGES ET ÉQUIVALENCES B-28

1. Pour chacun de ces groupes de planches à calculer, un nombre est affiché. Pour chaque cas, écris le nombre le plus rapproché qui n'a que des zéros dans la planche des unités. On appelle cela *arrondir un nombre à la plus proche unité de mille.*

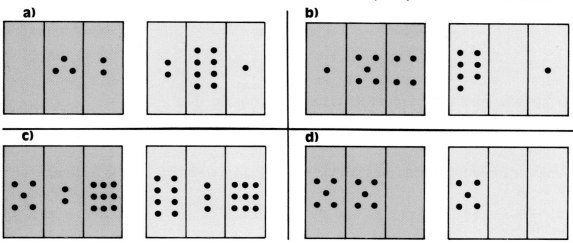

a)

b)

c)

d)

2. L'année dernière, les Expos de Montréal ont attiré 1 814 087 spectateurs à leurs matches locaux de baseball. Les Blue Jays de Toronto en ont attirés 2 036 127.

    a) Combien de spectateurs ont assisté aux matches de baseball dans ces deux villes canadiennes l'an passé?

    b) Arrondis ton résultat à la plus proche dizaine de mille.

3. Pascale, Claude, Dominique et leur mère viennent de remporter le gros lot d'un million de dollars à la loterie provinciale. Ils avaient le numéro 4880008.

    a) Si on divise le gros lot en parts égales, combien chacun reçoit-il?

    b) Arrondis cette somme à la plus proche dizaine de mille.

4. Dans les journaux, on voit souvent des nombres écrits en lettres ou en chiffres. Cherche des grands nombres dans les journaux que tu trouves à la maison. Apporte tes trouvailles en classe. Compare tes nombres à ceux de tes camarades.

    a) Écris en chiffres le plus grand nombre que tu as découvert.

    b) Écris en chiffres le plus grand nombre découvert dans ta classe.

    c) Placez tous ces nombres en ordre croissant.

ÉCHANGES ET ÉQUIVALENCES B-29

Cette multiplication a été effectuée avec la *technique en zigzag*. Observe bien les étapes.

```
 2 5 1 4        2 5 1 4        2 5 1 4        2 5 1 4         2 5 1 4
×     6        ×     6        ×     6        ×     6         ×     6
───────        ───────        ───────        ───────        ───────
1 2            1 2 0          1 2 0 6        1 2 0 6 4       1 2 0 6 4
                 3              3              3   2           3   2
                                                            1 5 0 8 4
```

1. À ton tour maintenant d'utiliser la même technique.

    a) 231   **b)** 1526   **c)** 2549

       × 4   × 3   × 5

2. Voici des multiplications plus difficiles. Peux-tu les effectuer avec la technique en zigzag?

    a) $13\,503 \times 8 =$ #   **b)** $39\,827 \times 6 =$ #   **c)** $2530 \times 10 =$ #

3. La multiplication qui suit a été effectuée avec la technique en zigzag. Les questions qui suivent portent sur les chiffres en vert.

```
   4 9 6 8
 ×       7
 ─────────
 2 8 3 2 6
   6 4 5
 2 4 7 7 6
 1
 3 4 7 7 6
```

Que représente et d'où vient:

    a) le 7?

    b) le 4?

    c) le 1?

Pour les as

4. Dans chacune des multiplications suivantes, une erreur a été commise. Peux-tu la découvrir?

    a)
```
 2 5 0 3
×     8
───────
 1 6 0 4
   4 2
 1 0 2 4
 1
 2 0 2 4
```

    b)
```
 4 8 1 9
×     7
───────
 2 8 6 7 3
   5   6
 2 3 6 3 3
 1   1
 3 3 6 4 3
```

ÉCHANGES ET ÉQUIVALENCES B-30

1. Quels sont ces nombres qui ont été décomposés?

a) (3 × 2 dizaines) + (2 × 4 unités)

b) (2 centaines × 2) + (4 unités × 1) + (0 × 6 dizaines)

c) (3 unités × 3) + (4 × 2 centaines) + (7 × 1 dizaine)

d) (8 × 0 dizaine) + (1 × 6 centaines) + (3 unités × 2)

e) (3 × 1 dizaine) + (1 × 9 centaines) + (3 dizaines × 3)

2. Trouve 5 façons différentes de décomposer chacun des nombres suivants.

a) 3020 **b)** 13 500 **c)** 204 010 **d)** 1 000 000

3. Quels sont ces nombres qui ont été décomposés?

a) 4 × (2 centaines + 5 dizaines + 0 unité)

b) (2 dizaines + 6 unités + 3 centaines) × 2

c) (5 centaines + 4 unités + 6 centaines) × 4

d) (2 dizaines + 5 dizaines + 7 dizaines) × 3

e) (13 dizaines + 12 centaines) × 2

f) (2 dizaines de mille + 14 centaines) × 6

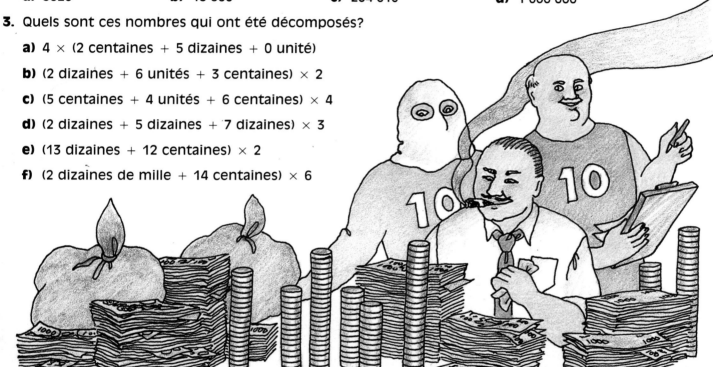

4. Complète ces décompositions.

a) 612 = (6 × # centaine) + (6 × # dizaine) + (6 × # unités)

b) 963 = (3 × # centaines) + (3 × # dizaines) + (3 × # unité)

c) 745 = (5 × # centaine) + (5 × # dizaines) + (5 × # unités)

d) 1634 = (2 × # centaines) + (2 × # dizaine) + (2 × # unités)

e) 2517 = (3 × # centaines) + (3 × # dizaines) + (3 × # unités)

Pour les as

f) 5239 = (13 × # centaines) + (13 × # dizaine) + (13 × # unités)

93

ÉCHANGES ET ÉQUIVALENCES B-31

1. Observe bien cette multiplication qui a été effectuée de deux façons différentes.

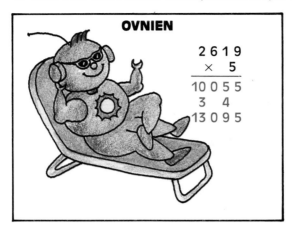

OVNIEN

```
    2 6 1 9
  ×       5
  10 0 5 5
     3 4
  13 0 9 5
```

ALEXANDRA

```
    2 6 1 9
  ×       5
  10 ⟨30⟩ 5 ⟨45⟩
  13  0  9  5
```

Place-toi avec quelques camarades et discutez des questions suivantes.

a) Quelles sont les différences entre ces deux techniques?

b) Quelles sont les ressemblances?

c) Avec d'autres nombres, les ressemblances sont-elles toujours les mêmes?

d) Laquelle de ces techniques préfères-tu? Pourquoi?

2. Effectue ces multiplications à ta façon.

a) 4253
×   3

b) 15 208
×   6

c) 140 251
×   5

d) 267
× 8

e) 123 456
×   9

f) 444 555
×   10

Pour les as

g) 333 333 333
×   9

h) 444 444 444
×   6

i) 555 555 555
×   7

Étrange, n'est-ce pas?

ÉCHANGES ET ÉQUIVALENCES B-32

Cette division a été effectuée avec la *technique en colonnes*. Observe bien les étapes.

7	6	2	6	5
5	26	2	6	$1525 + \frac{1}{5}$
5	25	12	6	
5	25	10	26	
5	25	10	25 + 1	

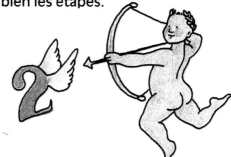

1. À ton tour maintenant d'utiliser la même technique.

   a) 766 ÷ 6   **b)** 1327 ÷ 3   **c)** 5120 ÷ 5

2. Voici des divisions plus difficiles. Peux-tu les effectuer avec la technique en colonnes?

   a) 13 756 ÷ 4   **b)** 6315 ÷ 8   **c)** 57 490 ÷ 10

3. La division qui suit a été effectuée avec la technique en colonnes. Des nombres ont été coloriés en bleu.

4	2	9	2	1	9
0	42				4769
	36	69			
		63	62		
			54	81	

Que représente et d'où vient:

   a) le 42?

   b) le 62?

   c) le 81?

4. Dans chacune des divisions suivantes, des erreurs ont été commises. Peux-tu les découvrir?

a)

2	6	0	6	6
				451
0	26			
	24	20	6	

b)

3	8	1	6	9
0	38			
	36	21		4231
		18	36	
			27 + 9	

1. Observe bien cette division qui a été effectuée de deux façons différentes.

Place-toi avec quelques camarades et discutez des questions suivantes.

a) Quelles sont les différences entre ces deux techniques?

b) Quelles sont les ressemblances?

c) Avec d'autres nombres, les ressemblances sont-elles toujours les mêmes?

d) Laquelle de ces techniques préfères-tu? Pourquoi?

2. Effectue ces divisions à ta façon.

a) $4104 \div 9$ **b)** $1058 \div 7$ **c)** $4480 \div 4$

d) $585 \div 13$ **e)** $2713 \div 2$ **f)** $5107 \div 5$

 Pour les as

g) $2075 \div 15$ **h)** $1658 \div 20$

ÉCHANGES ET ÉQUIVALENCES B-34

1. Trouve quels nombres ont été décomposés.

a) 9 u.m + 8 d + 13 d.m + 16 u + 12 c

b) 18 d + 10 u.m + 8 c + 4 u.m + 5 c + 7 d

c) 7 u + 8 c.m + 4 d − 4 c.m − 2 u + 4 c

d) 42 d.m + 42 u + 42 c + 42 u.m

e) 32 649 + 13 d + 4 c.m + 5 u.m

f) 1 c + 25 d.m + 346 d

g) 402 053 − 2 d.m + 4 c − 11 u − 32 u.m

> **ATTENTION!**
> u.m → unité de mille
> d.m → dizaine de mille
> c.m → centaine de mille

h) 421 c + 317 u.m − 100 d − 3 u

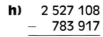

2. Effectue les opérations suivantes à ta façon.

a) 5237
    + 1904

b) 47 098
    +   783

c) 361 409
    + 89 097

d) 37 694
    + 2 097
      18 656

e) 5612
    − 493

f) 23 056
    − 4 075

g) 102 571
    − 17 903

h) 2 527 108
    − 783 917

i) 1507
    × 4

j) 31 524
    × 8

k) 255 124
    ×   7

l) 35 329
    × 10

m) 468 ÷ 4

n) 1369 ÷ 6

o) 42 500 ÷ 5

p) 36 721 ÷ 8

---

q) 12 345 $
    × 10

r) 23 456 $
    × 10

s) 1,20 $
    × 10

Peux-tu justifier ce qui se passe ici?

Allegretto

97

COUP DE POUCE

1.

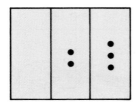 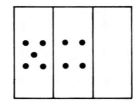

Voici une façon de représenter le nombre 23 540 sur des planches à calculer. Cette représentation ne permet pas de soustraire *directement* le nombre 4129 à cause des unités et des unités de mille. Trouve au moins deux autres façons de représenter 23 540 qui le permettraient.

2.

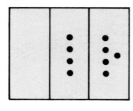 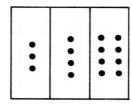

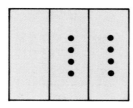 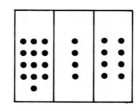

Voici une façon de représenter le nombre 45 348 sur des planches à calculer. Cette représentation ne permet pas de diviser chaque position par 4.

Essayons une deuxième représentation de 45 348. Celle-ci n'est pas si mal, mais il y a encore un problème aux centaines qui ne sont pas divisibles par 4. Peux-tu trouver une représentation de 45 348 qui serait partout divisible par 4?

3. Avec tes planches à calculer, trouve des façons de représenter les nombres donnés tout en respectant la contrainte imposée.

a) 4209 : pour pouvoir soustraire directement le nombre 791.

b) 11 502 : pour pouvoir diviser chaque position par 3.

c) 72 281 : pour pouvoir soustraire directement le nombre 14 708.

d) 21 305 : pour pouvoir diviser chaque position par 5.

e) 100 000: pour pouvoir soustraire directement le nombre 99 999.

f) 200 001: pour pouvoir diviser chaque position par 3.

 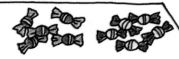 

COUP DE POUCE

1. Avec ta planche à calculer, peux-tu justifier chacune des étapes de ces opérations?

a)

```
  397          397          397          397
+ 621        + 621        + 621        + 621
─────   →    ─────   →    ─────   →    ─────
  9           9 1          9 1 8        9 1 8
                                       10 1 8
```

b)

```
  704         7¹0 4        7¹0¹4         704
- 197        - 197        - 197        - 197
─────   →    ─────   →    ─────   →    ─────
  6           6 1          6 1 7        6 1 7
                                        5 0 7
```

c)

```
  253         253          253          253
×   4        ×   4        ×   4        ×   4
─────   →    ─────   →    ─────   →    ─────
  8          80 2         80 2         80 2
             2            21           21
                                       1012
```

d)

1	7	3	6	4		1	7	3	6	4		1	7	3	6	4		1	7	3	6	4
	17	3	6		→		16	13	6		→		16	12	16		→		16	12	16	434

2. À ton tour de noter les étapes pour chaque opération.

a)
```
  2541
+ 1509
```

b)
```
  65 019
+  4 992
```

c)
```
  5143
-  708
```

d)
```
  27 943
-  8 175
```

e)
```
  7204
×    3
```

f)
```
  45 608
×      4
```

g) 5412 ÷ 4

h) 26 219 ÷ 7

ADDITIONNER la poudre d'os et l'eau de vie
SOUSTRAIRE le bouillon de crapaud
DIVISER soupe en trois

ÉCHANGES ET ÉQUIVALENCES B-37

1. Les noms des nombres sont construits par tranches de trois positions. Voici un tableau de lecture des nombres. Peux-tu écrire les noms des tranches manquantes?

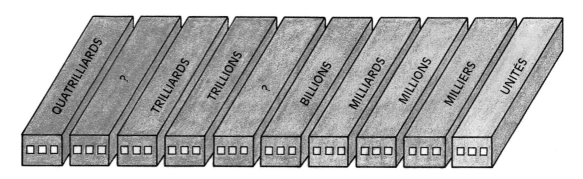

QUATRILLIARDS — ? — TRILLIARDS — TRILLIONS — ? — BILLIONS — MILLIARDS — MILLIONS — MILLIERS — UNITÉS

2. Les astronomes croient qu'il y aurait environ deux cent cinquante milliards d'étoiles dans l'univers. Peux-tu écrire ce nombre en chiffres?

3. Dans notre système solaire, la planète connue la plus éloignée de nous est Pluton. Pour nous y rendre, il faudrait parcourir une distance d'environ 5 750 500 000 000 de mètres! Peux-tu écrire en mots ce nombre «astronomique»?

4. La plus proche étoile après le Soleil est située à environ quarante billions de kilomètres de la Terre. Si cette étoile s'éteignait aujourd'hui, sa lumière continuerait de nous parvenir malgré tout pendant encore 4 années. Peux-tu écrire cette distance en chiffres?

ÉCHANGES ET ÉQUIVALENCES C-38

Les écoliers du monde et le calcul

Dans le monde, aujourd'hui, tous les écoliers apprennent à compter. Les techniques apprises sont souvent différentes d'un pays à l'autre.

Au Japon, l'un des pays les plus avancés en informatique et en robotique, les écoliers n'utilisent pas seulement des techniques écrites. C'est sur son boulier, le **soroban**, que cet écolier effectue ses soustractions.

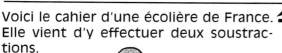

Voici le cahier d'une écolière de France. Elle vient d'y effectuer deux soustractions.

Au Canada, de même qu'aux États-Unis, les écoliers effectuent différemment les mêmes soustractions.

ÉCHANGES ET ÉQUIVALENCES C-39

1. Cette addition a été effectuée avec la *technique française*. Observe bien chacune des étapes: 5248 + 961.

$$
\begin{array}{r}
5\,2\,4\,8 \\
+\ \ 9\,6\,1 \\
\hline
9
\end{array}
\quad\rightarrow\quad
\begin{array}{r}
^{1} \\
5\,2\,4\,8 \\
+\ \ 9\,6\,1 \\
\hline
0\,9
\end{array}
\quad\rightarrow\quad
\begin{array}{r}
^{1\ 1} \\
5\,2\,4\,8 \\
+\ \ 9\,6\,1 \\
\hline
2\,0\,9
\end{array}
\quad\rightarrow\quad
\begin{array}{r}
^{1\ 1} \\
5\,2\,4\,8 \\
+\ \ 9\,6\,1 \\
\hline
6\,2\,0\,9
\end{array}
$$

Compare cette technique à la technique des tirets. Quelles sont les ressemblances et les différences? Laquelle de ces techniques préfères-tu?

$$
\begin{array}{r}
5\,2\,4\,8 \\
+\ \ 9\,6\,1 \\
\hline
5
\end{array}
\rightarrow
\begin{array}{r}
5\,2\,4\,8 \\
+\ \ 9\,6\,1 \\
\hline
5\,1
\end{array}
\rightarrow
\begin{array}{r}
5\,2\,4\,8 \\
+\ \ 9\,6\,1 \\
\hline
5\,1\,0
\end{array}
\rightarrow
\begin{array}{r}
5\,2\,4\,8 \\
+\ \ 9\,6\,1 \\
\hline
5\,1\,0\,9
\end{array}
\rightarrow
\begin{array}{r}
5\,2\,4\,8 \\
+\ \ 9\,6\,1 \\
\hline
5\,1\,0\,9 \\
6\,2\,0\,9
\end{array}
$$

2. Exerce-toi avec la technique française d'addition.

a)
$$
\begin{array}{r}
3\,4\,9 \\
+\,7\,2\,6 \\
\hline
\end{array}
$$

b)
$$
\begin{array}{r}
2\,5\,1\,9 \\
+\ \ 6\,8\,3 \\
\hline
\end{array}
$$

c)
$$
\begin{array}{r}
5\,7\,2\,1 \\
+\,3\,8\,1\,9 \\
\hline
\end{array}
$$

d)
$$
\begin{array}{r}
3\,0\,0\,7 \\
+\,1\,9\,9\,5 \\
\hline
\end{array}
$$

e)
$$
\begin{array}{r}
35\,217 \\
+\ \ 5\,494 \\
\hline
\end{array}
$$

f)
$$
\begin{array}{r}
63\,028 \\
+\,19\,407 \\
\hline
\end{array}
$$

g)
$$
\begin{array}{r}
92\,527 \\
+\,66\,444 \\
\hline
\end{array}
$$

h)
$$
\begin{array}{r}
79\,706 \\
+\,91\,298 \\
\hline
\end{array}
$$

i)
$$
\begin{array}{r}
125\,402 \\
+\ \ 42\,974 \\
\hline
\end{array}
$$

j)
$$
\begin{array}{r}
255\,504 \\
+\ \ 76\,297 \\
\hline
\end{array}
$$

k)
$$
\begin{array}{r}
421\,607 \\
+\,147\,295 \\
\hline
\end{array}
$$

l)
$$
\begin{array}{r}
14\,263 \\
+\,359\,648 \\
\hline
\end{array}
$$

Pour les as

m)
$$
\begin{array}{r}
1\,246\,726 \\
+\ \ \ 85\,208 \\
4\,533\,227 \\
\hline
\end{array}
$$

n)
$$
\begin{array}{r}
158 \\
4\,259 \\
+\ \ 525\,796 \\
3\,291\,506 \\
\hline
\end{array}
$$

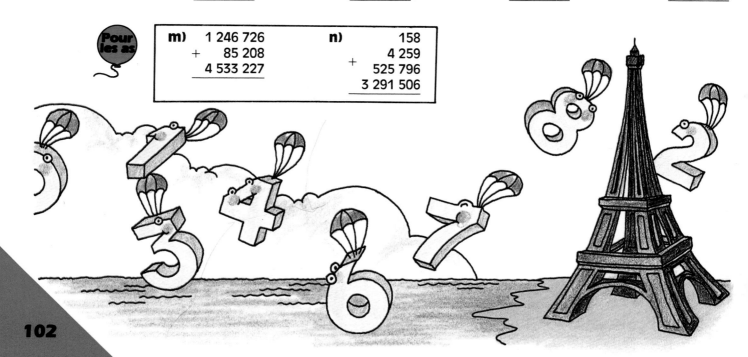

ÉCHANGES ET ÉQUIVALENCES C-40

1. Cette soustraction a été effectuée avec la *technique anglaise*. Observe bien chacune des étapes: 5027 − 2319.

$$
\begin{array}{r}
5\,0\,2^1\,7 \\
-\;2\,3\,1\,9 \\
\hline
8
\end{array}
\quad\rightarrow\quad
\begin{array}{r}
5\,0\,2^1\,7 \\
-\;2\,3\,1\,9 \\
\hline
0\,8
\end{array}
\quad\rightarrow\quad
\begin{array}{r}
{}^4\,5\,0\,2^1\,7 \\
-\;2\,3\,1\,9 \\
\hline
7\,0\,8
\end{array}
\quad\rightarrow\quad
\begin{array}{r}
{}^4\,5\,0\,2^1\,7 \\
-\;2\,3\,1\,9 \\
\hline
2\,7\,0\,8
\end{array}
$$

Compare cette technique à la technique des tirets. Quelles sont les ressemblances et les différences? Laquelle de ces techniques préfères-tu?

$$
\begin{array}{r}
5\,0\,2\,7 \\
-\;2\,3\,1\,9 \\
\hline
3
\end{array}
\quad\rightarrow\quad
\begin{array}{r}
5^1\,0\,2\,7 \\
-\;2\,3\,1\,9 \\
\hline
3\,7
\end{array}
\quad\rightarrow\quad
\begin{array}{r}
5^1\,0\,2\,7 \\
-\;2\,3\,1\,9 \\
\hline
3\,7\,1
\end{array}
\quad\rightarrow\quad
\begin{array}{r}
5^1\,0\,2^1\,7 \\
-\;2\,3\,1\,9 \\
\hline
3\,7\,1\,8
\end{array}
\quad\rightarrow\quad
\begin{array}{r}
5^1\,0\,2^1\,7 \\
-\;2\,3\,1\,9 \\
\hline
3\,7\,1\,8 \\
2\,7\,0\,8
\end{array}
$$

2. Exerce-toi avec la technique anglaise de soustraction.

a)   543
     − 182

b)   2407
     − 1243

c)   5724
     − 943

d)   6962
     − 1498

e)   13 040
     − 7 237

f)   1000
     − 250

g)   41 504
     − 17 249

h)   33 003
     − 5 198

i)   52 312
     − 9 999

j)   60 060
     − 9 090

k)   15 527
     − 8 299

l)   41 000
     − 2 092

m)   146 007
     − 97 129

n)   14 291
     − 15 000

103

Les écoliers du monde et le calcul

La main fut probablement la première machine à calculer inventée par nos ancêtres. Elle peut nous aider à compter jusqu'à 10 ou jusqu'à 99 avec un peu d'astuce...

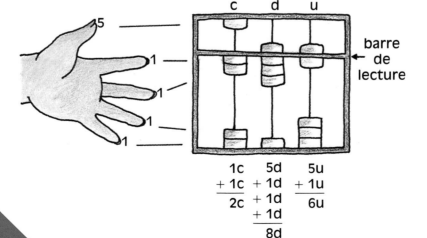

DIZAINES   UNITÉS

Le soroban, boulier japonais, a probablement été inventé pour reproduire le modèle des mains. Les boules qui sont regroupées près de la barre de lecture représentent le nombre 286.

barre de lecture

$$
\begin{array}{ccc}
1c & 5d & 5u \\
+\ 1c & +\ 1d & +\ 1u \\
\hline
2c & +\ 1d & 6u \\
 & +\ 1d & \\
\hline
 & 8d & \\
\end{array}
$$

Les deux mains sont placées à 2 ou 3 centimètres au-dessus d'une table. Les doigts qui touchent la table ont la valeur indiquée par les flèches. Voici comment s'y prendre pour représenter le nombre 37.

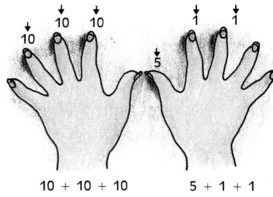

10 + 10 + 10   5 + 1 + 1

Peux-tu poser le nombre 81?

En 1945, l'opérateur expert de calculatrice électrique de l'armée américaine, Thomas Woods, affronta Kiyoshi Matsuzaki, champion japonais du soroban.

Dans un concours de 5 rencontres de calcul rapide, le maître japonais l'emporta haut la main 4 à 1 ayant commis beaucoup moins d'erreurs et étant de loin le plus rapide.

ÉCHANGES ET ÉQUIVALENCES C-42

1. Utilise ta technique préférée pour résoudre ces opérations.

a) 596
+ 319

b) 2418
+ 8904

c) 7 214
+ 18 903

d) 47 529
+ 18 481

e) 36 546
+ 9 783

f) 103 209
+ 87 918

g) 224 636
+ 49 508

h) 336 521
+ 912 809

i) 6049
− 218

j) 13 417
− 9 385

k) 25 041
− 1 982

l) 113 420
− 19 183

m) 10 004
− 9 206

n) 47 521
− 19 034

o) 126 301
− 19 774

p) 400 000
− 39 212

2. Quels sont ces nombres décomposés?

a) (8 unités ÷ 2) + (6 centaines ÷ 3) + (10 dizaines ÷ 5)

b) (16 centaines + 12 unités + 8 dizaines) ÷ 4

c) (6 × 2 dizaines) + (8 centaines ÷ 4) − (12 unités ÷ 6)

d) (12 centaines + 21 dizaines + 7 unités) ÷ 3

e) (15 unités ÷ 5) + (4 × 20 dizaines) − (6 centaines ÷ 2)

f) (24 unités ÷ 8) − (12 dizaines ÷ 2) + 7 dizaines

g) (36 unités + 60 centaines − 24 dizaines) ÷ 12

h) (30 centaines ÷ 10) − (4 × 5 dizaines) + (132 ÷ 3)

1. Cette multiplication a été effectuée avec la *technique française*. Observe bien chacune des étapes: 2307 × 4.

```
   2
 2 3 0 7
×      4
       8
```
→
```
     2
 2 3 0 7
×      4
     2 8
```
→
```
 1   2
 2 3 0 7
×      4
   2 2 8
```
→
```
 1   2
 2 3 0 7
×      4
 9 2 2 8
```

Compare cette technique à la technique en zigzag. Quelles sont les ressemblances et les différences? Laquelle de ces techniques préfères-tu?

```
 2 3 0 7
×      4
 8
```
→
```
 2 3 0 7
×      4
 8 2
 1
```
→
```
 2 3 0 7
×      4
 8 2 0
 1
```
→
```
 2 3 0 7
×      4
 8 2 0 8
 1   2
```
→
```
 2 3 0 7
×      4
 8 2 0 8
 1   2
 9 2 2 8
```

2. Exerce-toi avec la technique française de multiplication.

a) 613
× 4

b) 421
× 7

c) 7214
× 8

d) 2087
× 3

e) 12 204
× 2

f) 60 703
× 9

g) 17 524
× 6

h) 10 049
× 5

i) 45 643
× 9

j) 53 007
× 4

k) 183 403
× 7

l) 555 555
× 8

Pour les as

m) 45 603
× 10

n) 3 456 789
× 11

ÉCHANGES ET ÉQUIVALENCES C-44

1. Écris ces nombres en chiffres.

   a) Trois cent douze mille vingt et un.

   b) Deux millions trente-cinq mille.

   c) Cent vingt-huit mille six cent deux.

   d) Sept millions cent quarante.

   e) Quatre millions quarante mille quatre-vingts.

2. Quels sont ces nombres décomposés?

   a) 3 c + 5 d + 2 c + 4 u.m + 5 d.m + 4 u

   b) 7 d.m + 3 u.m + 4 c.m + 52 047

   c) 12 c + 15 u + 10 d + 7 u.m + 13 c

   d) 4 u.m − 3 c − 5 d − 4 u + 2 c

   e) 7 d.m + 3 u.m − 4 c − 7 u.m − 2500

   f) 15 u + 15 d + 15 c + 15 u.m + 15 d.m + 15 c.m

> **ATTENTION!**
> u.m → unité de mille
> d.m → dizaine de mille
> c.m → centaine de mille

3. Pour chacun des nombres, écris le nombre se terminant par «000» qui soit le plus proche. Tu auras ainsi arrondi ces nombres à la plus proche unité de mille.

   a) 16 404   **b)** 123 621   **c)** 3521

   d) 725 500   **e)** 102 029   **f)** 1 453 498

4. Voici une façon de décomposer 1308 pour qu'il soit facilement divisible par 4.

> 1308 = 12 centaines + 8 dizaines + 28 unités

et 1308 ÷ 4 = 327.

Trouve pour chaque nombre une décomposition qui soit facilement divisible par 6.

   a) 1524   **b)** 12 546   **c)** 19 998   **d)** 302 418   **107**

ÉCHANGES ET ÉQUIVALENCES C-45

1. Cette division a été effectuée avec la *technique française du crochet*. Observe bien chacune des étapes: 1246 ÷ 5.

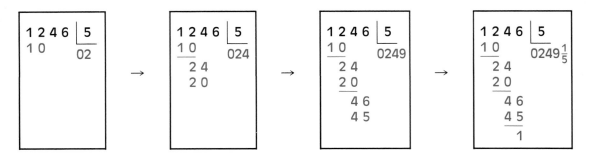

$$
\begin{array}{c|c}
1\ 2\ 4\ 6 & 5 \\
1\ 0 & 02 \\
\end{array}
\rightarrow
\begin{array}{c|c}
1\ 2\ 4\ 6 & 5 \\
1\ 0 & 024 \\
\underline{2\ 4} & \\
2\ 0 & \\
\end{array}
\rightarrow
\begin{array}{c|c}
1\ 2\ 4\ 6 & 5 \\
1\ 0 & 0249 \\
\underline{2\ 4} & \\
2\ 0 & \\
\underline{4\ 6} & \\
4\ 5 & \\
\end{array}
\rightarrow
\begin{array}{c|c}
1\ 2\ 4\ 6 & 5 \\
1\ 0 & 0249\frac{1}{5} \\
\underline{2\ 4} & \\
2\ 0 & \\
\underline{4\ 6} & \\
4\ 5 & \\
\underline{1} & \\
\end{array}
$$

Compare cette technique avec la technique en colonnes. Quelles sont les ressemblances et les différences? Laquelle de ces techniques préfères-tu?

1	2	4	6	5
⌐0	12			
	10	24		
		20	46	
			45 + 1	$0249\frac{1}{5}$

2. Exerce-toi avec la technique du crochet.

a) 542 | 2

b) 724 | 3

c) 1240 | 5

d) 2368 | 4

e) 2174 | 7

f) 13 518 | 9

g) 345 | 3

h) 15 600 | 5

i) 4719 | 4

j) 17 238 | 6

k) 66 564 | 7

l) 12 042 | 3

Pour les as

m) 72 310 | 10

n) 53 410 | 21

108

ÉCHANGES ET ÉQUIVALENCES C-46

1. Cette technique a été effectuée avec la *technique anglaise du crochet*. Observe bien chacune des étapes: 1246 ÷ 5.

```
     0 2                      0 2 4                      0 2 4 9                      0 2 4 9 1/5
5 ) 1 2 4 6              5 ) 1 2 4 6               5 ) 1 2 4 6                5 ) 1 2 4 6
    1 0                      1 0                        1 0                         1 0
                             2 4                        2 4                         2 4
                             2 0                        2 0                         2 0
              →                           →                4 6          →               4 6
                                                           4 5                         4 5
                                                                                        1
```

Compare cette technique avec la technique en colonnes. Quelles sont les ressemblances et les différences? Laquelle de ces techniques préfères-tu?

1	2	4	6	5
0	12			
	10	24		
		20	46	
			45 + 1	$0249\frac{1}{5}$

2. Exerce-toi avec la technique du crochet.

a) 2 ⟌ 542

b) 3 ⟌ 724

c) 5 ⟌ 1240

d) 4 ⟌ 2368

e) 7 ⟌ 2174

f) 9 ⟌ 13 518

g) 3 ⟌ 345

h) 5 ⟌ 15 600

i) 4 ⟌ 4719

j) 6 ⟌ 17 238

k) 7 ⟌ 66 564

l) 3 ⟌ 12 042

Pour les as

m) 10 ⟌ 72 310

n) 21 ⟌ 53 410

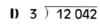

ÉCHANGES ET ÉQUIVALENCES C-47

Les écoliers du monde et le calcul

Au Moyen Âge, le calcul intéressait surtout les marchands. Les plus riches d'entre eux devaient envoyer leurs enfants aux quatre coins de l'Europe pour leur permettre d'apprendre les quatre opérations. Des études comparables à un doctorat de nos jours...

Dans un cahier de classe datant de 1450, la division de 1728 par 12 ressemblait à:

Ouf! Pas facile...

C'est aux alentours de l'an 1500 que l'Italien Filippo Calandri introduisit une nouvelle technique de division. Dans son cahier de classe, elle ressemblait un peu à:

Cette technique de division est restée inchangée ou presque jusqu'à nos jours. Certains ont préféré placer différemment les chiffres, mais la technique reste la même.

$$83 \, \overline{)53497} \quad 00644 \, \tfrac{45}{83}$$

$$\begin{array}{r} 498 \\ \hline 369 \\ 332 \\ \hline 377 \\ 332 \\ \hline 45 \end{array}$$

Cette technique est aujourd'hui la plus répandue en Amérique du Nord.

ÉCHANGES ET ÉQUIVALENCES C-48

1. Utilise ta technique préférée pour résoudre.

a) 409
× 8

b) 5
× 246

c) 1368
× 0

d) 4517
× 7

e) 25 112
× 9

f) 6423
× 10

g) 4
× 51 235

h) 148 952
× 8

i) 4804 ÷ 4

j) 1725 ÷ 5

k) 12 403 ÷ 3

l) 71 409 ÷ 4

m) 585 ÷ 13

n) 2574 ÷ 11

o) 12 345 ÷ 5

p) 326 954 ÷ 9

2. Écris en mots les nombres suivants.

a) 21 210

b) 304 019

c) 420 000

d) 3 000 140

3. Quels sont ces nombres décomposés?

a) (6 × 2 dizaines) + (4 × 2 unités) + (3 × 1 centaine)

b) (3 × 2 unités) + (6 × 1 centaine) − (4 × 1 unité)

c) (5 × 2 dizaines) + (0 × 1 centaine) − (4 × 3 unités)

d) (5 × 3 unités) + (5 × 3 dizaines) + (5 × 3 centaines)

e) (7 × 4 unités) + (6 × 2 unités) + (5 × 2 unités)

f) (4 × 0 centaine) + (2 × 5 dizaines) + (5 × 5 dizaines)

4. Arrondis ces nombres à la plus proche *centaine*.

a) 3257

b) 13 609

c) 4550

d) 43 051

e) 512 639

f) 127 900

362 4□□   362 401   362 40□   362 399   362 398

ÉCHANGES ET ÉQUIVALENCES C-49

1. Résous chaque opération de deux façons différentes. Tu seras un as si tu ajoutes une troisième façon pour chacune.

   a) 5297 + 16 809

   b) 40 136 − 9217

   c) 5704 × 8

   d) 1864 ÷ 4

2. Écris en chiffres les nombres qui sont mentionnés. Arrondis-les ensuite à la plus proche *dizaine de mille*.

   a) Une grosse voiture de luxe coûte trente mille quatre cent seize dollars.

   b) La circonférence de la Terre est d'environ quarante mille soixante-quatorze kilomètres.

   c) Il y a plus de vingt-cinq millions d'habitants au Canada. Les États-Unis en comptent environ deux cent cinquante millions.

   d) Antoine a gagné trois cent vingt-six mille deux cent quatre-vingt-dix dollars à la loterie.

3. Résous les opérations suivantes à ta façon.

   a) 2649 + 13 406 + 124 208

   b) 13 296 − 7149

   c) 312 514 − 8296 + 71 409

   d) 100 000 − 13 241

   e) 13 608 × 4

   f) 49 217 × 12

   g) 143 203 × 9

   h) 14 721 ÷ 7

   i) 7928 ÷ 5

   j) 131 412 ÷ 3

Des calculateurs prodiges

De tout temps, les calculateurs prodiges se sont attiré l'émerveillement. Ils peuvent effectuer mentalement et en quelques secondes des calculs très complexes, grâce à des mécanismes mentaux encore inexpliqués. Leur mémoire des nombres semble inépuisable.

Parmi ces phénomènes, l'un des plus célèbres est certes Jacques Inaudi qui, dès l'âge de 11 ans, émerveilla les foules vers la fin du XIX⁰ siècle.

Fascinés par ce jeune prodige, les savants de l'Académie des sciences décidèrent d'étudier ses capacités. Voici quelques extraits de leur rapport.

Les Extra-sensoriels, Collection La Parapsychologie: Les Pouvoirs inconnus de l'Homme, Michel Damien et René Louis, Éditions Tchou / Laffont, France, 1976, p. 29.

Addition: Inaudi ajoute facilement 6 nombres de 4 ou 5 chiffres; mais il procède successivement, ajoutant les deux premiers, puis la somme au suivant, et ainsi de suite. *Il commence toujours l'addition par la gauche.*

Soustraction: C'est un des triomphes d'Inaudi. Il soustrait facilement l'un de l'autre deux nombres d'une vingtaine de chiffres, en commençant encore par la gauche.

Peux-tu faire ces opérations de gauche à droite en notant directement la réponse à la manière de Jacques Inaudi?

```
  2649          7428
+ 5918        - 1946
```

ÉCHANGES ET ÉQUIVALENCES C-51

1. Effectue ces additions au moyen de la *technique directe*. N'écris que la réponse, de gauche à droite.

a)   543
    + 287

b)   2674
    + 508

c)   12 674
    + 8 287

d)   135 208
    + 548 937

e)   67 504
    + 245 389

f)   312 931
    + 47 877

g)   80 107
    + 9 875

h)   729 047
    + 31 999

i)   16 451
    + 1 549

j)   456 456
    + 789 789

k)   4 526 312
    +   691 948

2. Utilise la technique directe de soustraction. N'écris que la réponse, de gauche à droite.

a)   651
    − 190

b)   2914
    − 1627

c)   8504
    − 1917

d)   37 546
    − 16 203

e)   16 204
    − 7 908

f)   10 521
    − 1 804

g)   52 627
    − 11 719

h)   36 036
    − 1 919

i)   4591
    − 1999

j)   5000
    − 2143

k)   21 111
    − 12 222

114

1. Quels nombres sont décomposés?

a) $(3 \times 1\ \text{dizaine}) + (8\ \text{centaines} \div 4) - (12\ \text{unités} \div 4)$

b) $\dfrac{(2 \times 1\ \text{centaine}) + (4 \times 2\ \text{dizaines})}{2}$

c) $\dfrac{18\ \text{unités}}{3} + \dfrac{10\ \text{dizaines}}{2} - 34\ \text{unités}$

d) $(168 \div 4) + (4\ \text{dizaines} \times 3) - 10\ \text{dizaines}$

e) $\dfrac{14\ \text{centaines} + 21\ \text{unités} + 28\ \text{dizaines}}{4}$

f) $(4\ \text{centaines} + 11\ \text{dizaines} + 320) \div 2$

g) $15\ \text{centaines} + 18\ \text{unités} + 16\ \text{dizaines} - 1427$

h) $(2\ \text{centaines} \div 4) + (3\ \text{unités de mille} \div 5)$

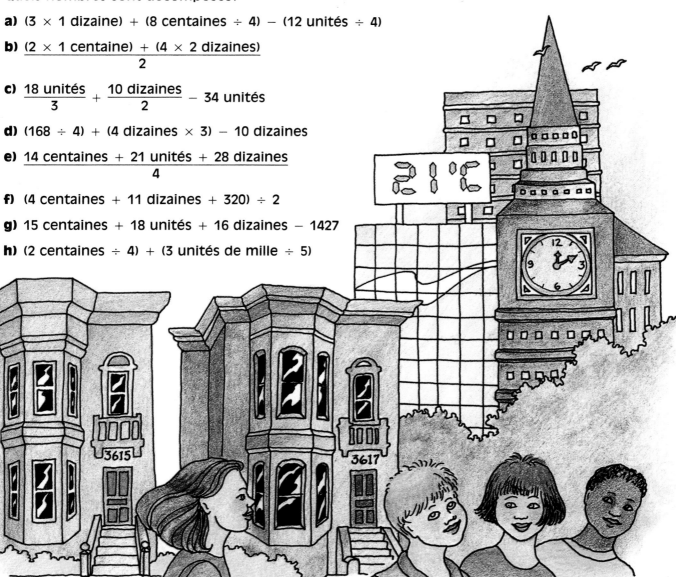

2. Effectue les opérations suivantes à ta façon.

a) $16\ 209 \times 4$

b) $12\ 546 \times 9$

c) $47\ 937 \times 8$

d) $123\ 507 \times 6$

e) $16\ 402 \div 6$

f) $45\ 937 \div 8$

g) $14\ 760 \div 9$

h) $4521 \div 12$

3. Arrondis ces nombres à la plus proche unité de mille.

a) $47\ 903$

b) $785\ 492$

c) 2704

d) $141\ 984$

e) $99\ 621$

f) $102\ 452$

g) $36\ 500$

h) $99\ 499$

COUP DE POUCE

Voici deux carrés magiques. L'addition des nombres de chaque rangée, de chaque colonne et des deux diagonales donne toujours la même somme: 15 pour le premier et 3 pour le deuxième.

6	7	2
1	5	9
8	3	4

2	3	−2
−3	1	5
4	−1	0

Complète ces carrés magiques.

1.

37	15	22
37	19	18
37	23	14

2.

324	39354	
	321	
322		318

3.

489	482	487
	490	

4.

45			43
−37	35	2	
80			
33	−35	123	

5.

567			399
541	−100		
	565	401	44
		423	−2

COUP DE POUCE ✱✱✱✱✱✱

Effectue les calculs suivants en utilisant la technique de ton choix.

1. a) 584
   + 127

b) 708
   + 33

c) 15
   + 504
   + 167
   + 2

d) 159
   + 27

2. a) 589
   − 420

b) 472
   − 59

c) 700
   − 90

d) 500
   − 143

3. a) 45
   × 4

b) 118
   × 6

c) 555
   × 6

d) 31
   × 10

4. a) 549 ÷ 5

b) 867 ÷ 4

c) 915 ÷ 5

d) 1026 ÷ 6

5. a) 7803
   + 196

b) 9437
   + 908

c) 10 047
   + 9 629

d) 45 917
   + 8 483

6. a) 1418
   − 903

b) 13 421
   − 1 706

c) 41 604
   − 1 937

d) 56 004
   − 1 849

7. a) 1204
   × 6

b) 7621
   × 8

c) 13 209
   × 5

d) 41 635
   × 9

8. a) 4529 ÷ 2

b) 14 900 ÷ 4

c) 21 608 ÷ 6

d) 41 327 ÷ 5

Pour les as

9. a) 726
   + 859
   − 174
   − 92

b) 1827
   − 649
   + 4523

c) 54 807
   − 17 366
   + 33 908

COUP DE POUCE

Voici des grilles de nombres. Tu dois additionner ces nombres verticalement puis horizontalement. La somme des nombres qui sont dans les carrés doit être égale à la somme des nombres qui sont dans les triangles. Utilise la technique de ton choix.

1.

22	18	41	△
36	127	69	+ △
406	925	848	+ △

□ + □ + □ = #

2.

927	851	1029	△
396	57	574	+ △
2524	897	9512	+ △

□ + □ + □ = #

3.

1596	7308	4921	10 503	△
795	9218	4556	7 687	+ △
5014	96	8926	5 000	+ △
4716	1628	9959	4 514	+ △

□ + □ + □ + □ = #

4.

41 503	27 912	8 545	17 443	△
36 905	41 819	77 174	4 896	+ △
76 409	47 603	81 900	7 463	+ △
55 623	13 412	25 619	97 132	+ △

□ + □ + □ + □ = #

1. Chacune de ces soustractions a été effectuée à l'aide de la *technique française* de soustraction. Examine bien chacune des étapes et explique ce qui se passe.

a)

```
  6 2 1          6 2¹1          6 2¹1          6 2¹1
- 4 1 9    →   - 4 1 9    →   - 4 1 9    →   - 4 1 9
                   1              1              1
                   2            0 2          2 0 2
```

b)

```
  7 0 4          7 0¹4          7¹0¹4          7¹0¹4
- 1 8 7    →   - 1 8 7    →   - 1 8 7    →   - 1 8 7
                   1            1 1            1 1
                   7            1 7          5 1 7
```

c)

```
  5 3 1 7        5 3¹1 7        5¹3¹1 7        5¹3¹1 7
- 1 6 8 3  →   - 1 6 8 3  →   - 1 6 8 3  →   - 1 6 8 3
                     1            1 1            1 1
        4          3 4          6 3 4        3 6 3 4
```

2. À ton tour maintenant d'utiliser la technique française de soustraction.

a) 742
  − 161

b) 510
  − 284

c) 1726
  − 931

d) 2627
  − 1988

e) 17 014
  − 1 908

f) 36 529
  − 32 987

g) 50 000
  − 17 241

h) 121 111
  − 70 293

ÉCHANGES ET ÉQUIVALENCES C-57

Utilise ta règle et des jetons. Place-les comme dans l'illustration pour imiter le *suan-pan* chinois. Il ressemble au *soroban*.

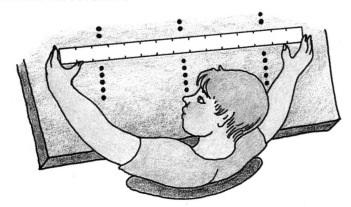

1. Voici comment les Chinois manipulent leur boulier pour calculer 536 + 64.

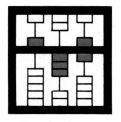 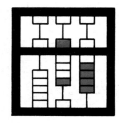 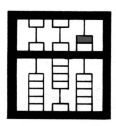 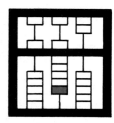

Afficher 536.　　　Ajouter 64.　　　Échanger 5 unités du bas contre 1 boule du haut.　　　Échanger 2 boules de 5 unités contre 1 dizaine.

Il reste quelques manipulations à faire. Lesquelles et pourquoi?

2. Voici comment les Chinois manipulent leur boulier pour calculer 627 − 263.

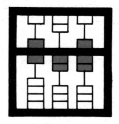 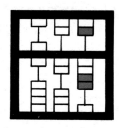 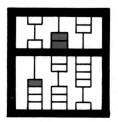 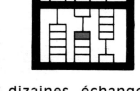

Poser 627.　　　Pour enlever 3 unités, il faut enlever 5 et ajouter 2.　　　Pour enlever 6 dizaines, échanger 1 centaine contre 2 boules de 5 dizaines puis soustraire.

Il reste à enlever 2 centaines. Que faut-il faire?

3. Avec ton suan-pan, peux-tu effectuer les opérations suivantes?

a) 13 624 + 47 568　　　　　　**b)** 1240 − 827

c) 425 903 + 87 287　　　　　　**d)** 42 516 − 13 487

Fractions

FRACTIONS 1

Monsieur Fractioné va bientôt ouvrir une petite pizzeria.

Il offrira à ses clients des pizzas rectangulaires, toutes du même format.

Un client pourra commander une ou plusieurs pizzas entières. Il pourra aussi ne commander qu'un morceau de la grandeur qui lui plaît.

 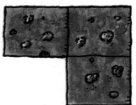

Monsieur Fractioné est sourd-muet. Il est cependant très astucieux. Sais-tu comment ses clients lui communiqueront leur commande quand ils ne voudront qu'un certain morceau?

FRACTIONS 2

Chez Fractioné, quatre tables sont occupées. Chaque groupe commande une pizza entière qui sera partagée également à la table. Utilise d'abord une feuille de papier pour effectuer le partage. Écris ensuite la division et la fraction qui représentent la part de chacun.

a)

Division: 1 ÷ 6
Fraction: ⊞/⊞

b)

Division: ⊞ ÷ ⊞
Fraction: ⊞/⊞

c)

Division: ⊞ ÷ ⊞
Fraction: ⊞/⊞

d)

Division: ⊞ ÷ ⊞
Fraction: ⊞/⊞

FRACTIONS 3

1. Voici les commandes écrites par cinq amis venus dîner chez Fractioné:

Anick

Belle

Clovis

Dolly

Emmanuelle

$\frac{1}{6}$ $\frac{1}{8}$ $\frac{1}{5}$ $\frac{1}{2}$ $\frac{1}{10}$

a) Vrai ou faux?
- Dolly mange autant que Belle.
- Clovis a acheté un plus petit morceau qu'Anick.
- C'est Emmanuelle qui mange le plus gros morceau.

b) Écris les noms des enfants en commençant par celui qui a le plus petit morceau jusqu'à celui qui a le plus gros.

c) Écris cette comparaison à l'aide d'une phrase mathématique.

d) Frédéric a mangé plus qu'Emmanuelle mais moins qu'Anick. Qu'a-t-il donc commandé?

e) Tu désires manger moins qu'Emmanuelle. Que peux-tu commander?

f) Peux-tu écrire une règle ou une loi qui permette de placer en ordre des fractions comme $\frac{1}{2}$, $\frac{1}{9}$, $\frac{1}{3}$, $\frac{1}{5}$, etc.

2. Écris une fraction qui représente bien la partie qui manque dans chacun de ces desserts.

a)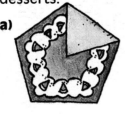

b)

c)

d)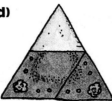

 Pour les as

e)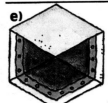

f)

124

FRACTIONS 4

1. Pour chaque cas, reproduis le dessin demandé et colorie-le selon ce qui est mentionné.

a) Le drapeau de l'Italie est composé de 3 rectangles identiques placés debout. Chacun de ces rectangles occupe $\frac{1}{3}$ de l'espace. De gauche à droite, les couleurs sont: vert, blanc et rouge. Dessine le drapeau italien.

b) Voici une roulette de jeu dont la forme est un hexagone régulier. La partie bleue représente $\frac{1}{2}$ de l'espace et la section rouge occupe $\frac{1}{4}$ de l'espace. Si la partie jaune couvre $\frac{1}{6}$ de la roulette, quelle fraction reste-t-il en blanc?

c) Voici une tablette de chocolat. Tu désires en manger le quart. Dessine ce que tu veux manger. Combien cela fait-il de morceaux?

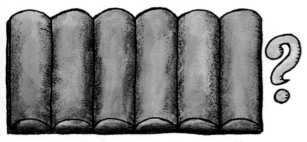

d) S'il faut placer des pions sur cet échiquier de telle manière que $\frac{1}{16}$ des cases soient occupées, combien devrait-on placer de pions?

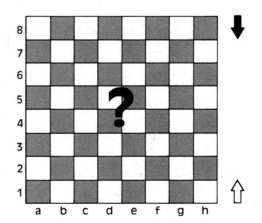

e) Dessine un verre contenant exactement $\frac{1}{3}$ de jus d'orange.

2. Trouve les nombres qui peuvent compléter ces phrases mathématiques.

a) $\frac{1}{2} > \frac{\#}{\#} > \frac{1}{6}$

b) $\frac{1}{3} < \frac{1}{2} < \frac{\#}{\#}$

Pour les as

c) $\frac{1}{2} > \frac{\#}{\#} > \frac{1}{5} > \frac{\#}{\#} > \frac{\#}{\#} > \frac{1}{9} < \frac{\#}{\#} > \frac{1}{3}$

FRACTIONS 5

1. Chaque dessin est accompagné d'une fraction qui équivaut à la partie coloriée. Pour chaque cas, vérifie si la fraction est correcte ou non. S'il y a erreur, corrige la fraction.

a) $\frac{1}{5}$ d) $\frac{1}{3}$

b) $\frac{1}{8}$ e) $\frac{1}{5}$

c) $\frac{1}{3}$ f) $\frac{1}{3}$

 Pour les as g) 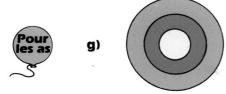 La zone verte occupe $\frac{1}{3}$ de cette cible.

2. Pour chaque couple de fractions, place le signe qui convient ($>$, $<$ ou $=$) dans le cercle.

a) $\frac{1}{2}$ (#) $\frac{1}{4}$ c) $\frac{1}{1}$ (#) $\frac{1}{3}$

b) $\frac{1}{18}$ (#) $\frac{1}{16}$ d) $\frac{1}{1000}$ (#) $\frac{1}{100}$

Pour les as e) $\frac{4}{1}$ (#) $\frac{1}{4}$

3. Pour chaque rangée, trouve le dessin qui représente la fraction inscrite à gauche.

$\frac{1}{3}$ a)	b)	c)	d)
$\frac{1}{4}$ a)	b)	c)	d)
$\frac{1}{6}$ a)	b)	c)	d)

126

FRACTIONS 6

Pour chacun des tableaux suivants, une fraction est présentée de plusieurs façons différentes, mais toutes équivalentes. Trouve ce qui manque sans oublier la facture.

1.

Dessin	Produit	Autres formes équivalentes
a) 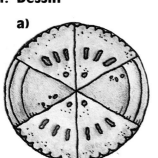	**c)** $\# \times \frac{1}{6}$ ou $\frac{1}{6} \times \#$	**e)** $\frac{2}{6} + \frac{\#}{\#} - \frac{\#}{\#}$ **f)** $1 - \frac{\#}{\#}$ **g)** Invente d'autres formes.

Somme	Fraction ordinaire	Facture
b) $\frac{1}{6} + \frac{1}{6} + \frac{1}{6} + \frac{1}{6}$	**d)**	**h)** 1 tourtière: 12 \$ partie illustrée: # \$

2.

Dessin	Produit	Autres formes équivalentes
a) 1 mètre	**c)**	**e)** $\frac{5}{5} - \frac{\#}{\#}$ **f)** $2 \times \frac{\#}{\#} + \frac{\#}{\#} - \frac{\#}{\#}$ **g)** Invente d'autres formes.

Somme	Fraction ordinaire	Facture
b) $\frac{1}{5} + \frac{1}{5} + \frac{1}{5} + \frac{1}{5}$	**d)**	**h)** 1 mètre de tissu: 10 \$ partie achetée: # \$

3.

Dessin	Produit	Autres formes équivalentes
a) ?	**c)** $3 \times \frac{1}{4}$	**e)** $\frac{\#}{\#}$ (différente de la case d) **f)** $\frac{\#}{\#} + \frac{\#}{\#} - \frac{1}{4}$ **g)** Invente d'autres formes.

Somme	Fraction ordinaire	Facture
b)	**d)** 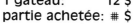	**h)** 1 gâteau: 12 \$ partie achetée: # \$

FRACTIONS 7

Voici les drapeaux de quelques pays. Observe-les attentivement pour répondre aux questions qui suivent.

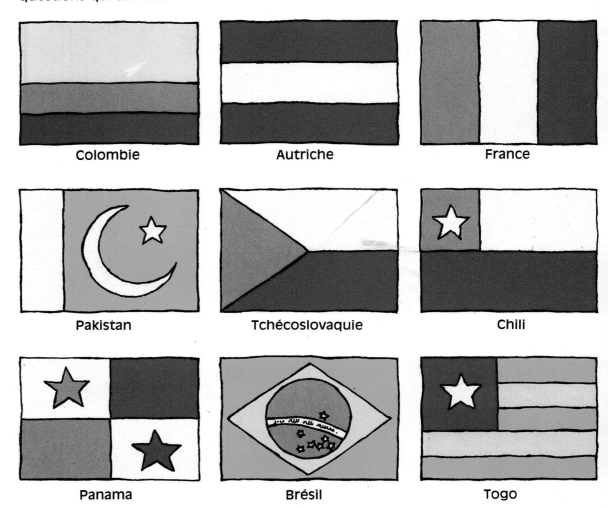

Colombie   Autriche   France

Pakistan   Tchécoslovaquie   Chili

Panama   Brésil   Togo

1. Quelle fraction du drapeau autrichien est rouge?

2. Quelle fraction représente la bande verte située au bas du drapeau du Togo?

3. Quelle fraction du drapeau de la Colombie est bleue?

4. Dans le drapeau du Pakistan, quelle fraction occupe le rectangle contenant la lune et l'étoile?

5. Quelle fraction du drapeau de Panama représente le rectangle bleu?

6. Quelle fraction du drapeau brésilien est verte?

7. Y a-t-il plus de blanc dans le drapeau autrichien ou dans le drapeau français?

Pour les as

8. Quelle fraction du drapeau de la Tchécoslovaquie est blanche?

9. Quelle fraction occupe chaque rectangle du drapeau du Chili?

FRACTIONS 8

Pour reproduire les dessins entiers qui te sont demandés, sois précis(e) dans tes mesures.

Je suis la moitié d'un dessin.

Voici le dessin entier.

1.

Je suis $\frac{1}{4}$ d'un casse-tête.

Dessine le casse-tête entier.

2.

Je suis $\frac{1}{6}$ d'une fenêtre.

Dessine la fenêtre entière.

3.

Je suis $\frac{1}{5}$ d'une tablette de chocolat.

Dessine la tablette de chocolat entière.

4.

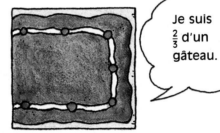

Je suis $\frac{2}{3}$ d'un gâteau.

Dessine le gâteau entier.

 5.

Je suis $\frac{3}{5}$ d'un pain de savon.

Dessine le pain de savon entier.

FRACTIONS 9

Pour chacun des tableaux suivants, une fraction est présentée de plusieurs façons différentes, mais toutes équivalentes. Trouve ce qui manque sans oublier la facture.

1.

Dessin	Produit	Autres formes équivalentes
a) 	**c)**	**e)** $1 - \frac{\#}{\#} + \frac{\#}{\#}$ **f)** Invente au moins deux autres formes originales.

Somme	Fraction ordinaire	Facture
b)	**d)**	**g)** Une tablette de chocolat: 40¢ partie illustrée: #¢

2.

Dessin	Produit	Autres formes équivalentes
a)	**c)** 	**e)** Invente au moins trois autres formes originales.

Somme	Fraction ordinaire	Facture
b) $\frac{1}{2} + \frac{1}{2} + \frac{1}{2}$	**d)**	**f)** 1 pâté: 9 $ morceaux achetés: # $

3.

Dessin	Produit	Autres formes équivalentes
a) ?	**c)** ?	**Pour les as** **e)** $2 - \frac{\#}{\#}$ **f)** Invente au moins deux autres formes originales.

Somme	Fraction ordinaire	Facture
b) ?	**d)** $\frac{6}{10}$	**g)** 1 mètre carré de tapis: 30 $ pièce achetée: # $

FRACTIONS 10

Forme une équipe avec quelques camarades pour discuter des deux problèmes suivants. Prépare-toi à échanger ensuite avec toute la classe.

1. Deux camarades sont en désaccord sur le sens de la fraction $\frac{3}{4}$. Qui a raison?

La fraction $\frac{3}{4}$ veut dire $3 \times \frac{1}{4}$. Si j'ai un gâteau, je le coupe en quatre parties équivalentes. Chaque morceau vaut $\frac{1}{4}$ du gâteau. Trois morceaux égalent $\frac{3}{4}$.

Guillaume

Hugo

Mais non! La fraction $\frac{3}{4}$ veut dire $3 \div 4$. Si j'ai trois gâteaux identiques et que nous sommes quatre amis à nous les partager également, chacun recevra une part valant $\frac{3}{4}$ d'un gâteau.

2. Que penses-tu de l'idée de Nathalie?

Nathalie

Auparavant, je pensais que la fraction $\frac{1}{4}$ était plus petite que $\frac{1}{2}$ parce que $2 \times \frac{1}{4} = \frac{1}{2}$. Mais quand j'ai vu ce dessin, j'ai changé d'idée.

Je sais maintenant que la fraction $\frac{1}{4}$ peut aussi être plus grande que $\frac{1}{2}$.

FRACTIONS 11

Voici les drapeaux de quelques pays. Observe-les attentivement pour répondre aux questions qui suivent.

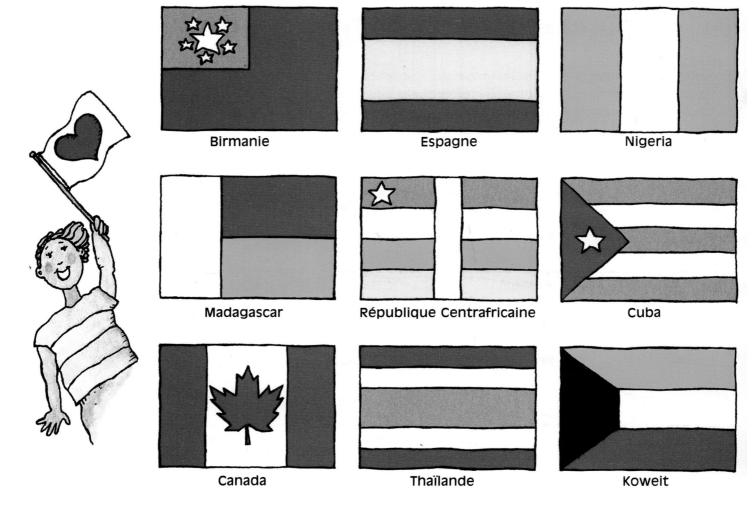

Birmanie   Espagne   Nigeria

Madagascar   République Centrafricaine   Cuba

Canada   Thaïlande   Koweit

1. Quelle fraction du drapeau du Nigeria est coloriée en vert?

2. Le triangle du drapeau cubain occupe $\frac{1}{4}$ de l'espace. Vrai ou faux?

3. Quelle fraction du drapeau de Madagascar est rouge?

4. Quelle fraction du drapeau de la Birmanie est rouge?

5. Quelle fraction du drapeau espagnol représente une bande blanche?

6. La moitié du drapeau canadien est rouge. Vrai ou faux?

7. Quelle fraction du drapeau de la Thaïlande n'est pas rouge?

8. Quelle fraction du drapeau de la république Centrafricaine est coloriée en vert?

9. Quelle fraction occupe chaque couleur du drapeau du Koweit?

FRACTIONS 12

Pour chacun des tableaux suivants, une fraction est présentée de plusieurs façons différentes, mais toutes équivalentes. Trouve ce qui manque sans oublier la facture.

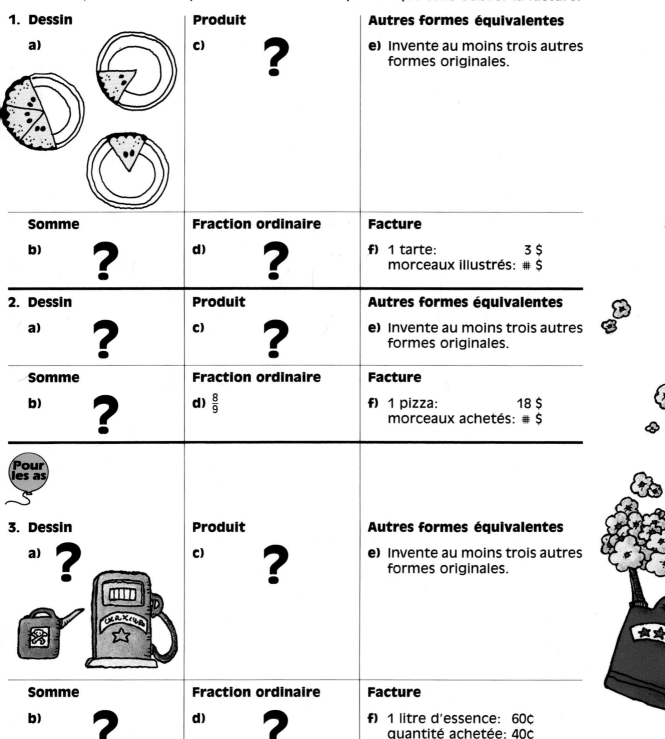

1. Dessin

a)

Produit

c) **?**

Autres formes équivalentes

e) Invente au moins trois autres formes originales.

Somme

b) **?**

Fraction ordinaire

d) **?**

Facture

f) 1 tarte: 3 $
morceaux illustrés: # $

2. Dessin

a) **?**

Produit

c) **?**

Autres formes équivalentes

e) Invente au moins trois autres formes originales.

Somme

b) **?**

Fraction ordinaire

d) $\frac{8}{9}$

Facture

f) 1 pizza: 18 $
morceaux achetés: # $

Pour les as

3. Dessin

a) **?**

Produit

c) **?**

Autres formes équivalentes

e) Invente au moins trois autres formes originales.

Somme

b) **?**

Fraction ordinaire

d) **?**

Facture

f) 1 litre d'essence: 60¢
quantité achetée: 40¢

FRACTIONS 13

1. Pour chacun de ces écussons, écris deux fractions différentes qui représentent la partie occupée par la couleur mentionnée. On dit que ces deux fractions sont *équivalentes*.

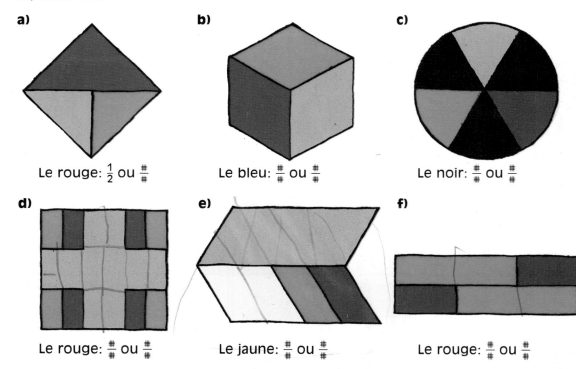

a)

Le rouge: $\frac{1}{2}$ ou $\frac{\#}{\#}$

b)

Le bleu: $\frac{\#}{\#}$ ou $\frac{\#}{\#}$

c)

Le noir: $\frac{\#}{\#}$ ou $\frac{\#}{\#}$

d)

Le rouge: $\frac{\#}{\#}$ ou $\frac{\#}{\#}$

e)

Le jaune: $\frac{\#}{\#}$ ou $\frac{\#}{\#}$

f)

Le rouge: $\frac{\#}{\#}$ ou $\frac{\#}{\#}$

2. Quelle fraction représente la partie de l'écusson occupée par la couleur mentionnée?

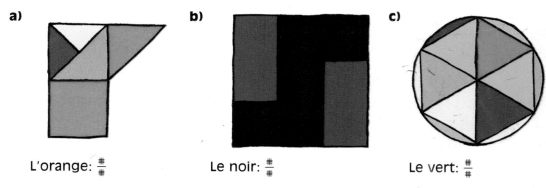

a)

L'orange: $\frac{\#}{\#}$

b)

Le noir: $\frac{\#}{\#}$

c)

Le vert: $\frac{\#}{\#}$

Pour les as

d)

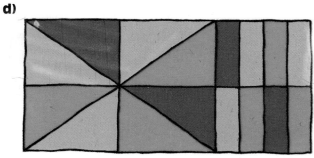

L'orange: $\frac{\#}{\#}$

134

FRACTIONS 14

Pour chacun des desserts suivants, des morceaux sont déjà coupés. Lequel ou lesquels des morceaux numérotés dois-tu choisir pour obtenir la fraction indiquée? Tu n'as pas de couteau, donc tu ne peux ajouter aucun autre morceau.

a) $\frac{1}{8}$

b) $\frac{2}{6}$

c) $\frac{1}{4}$

d) $\frac{3}{4}$

e) $\frac{2}{3}$

f) $\frac{7}{12}$

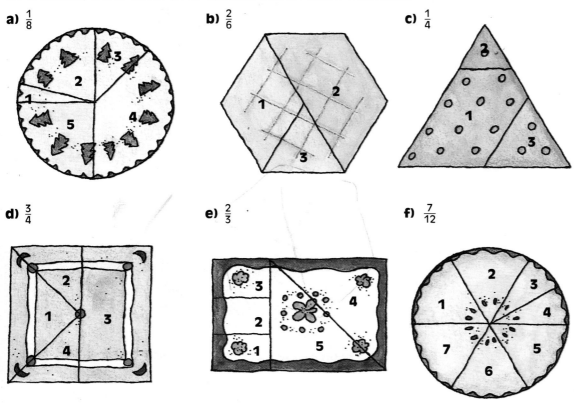

Pour les as

g) $\frac{2}{3}$

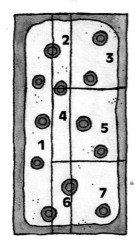

h) $\frac{5}{6}$

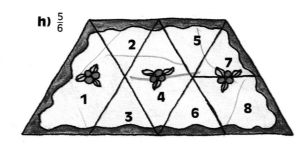

135

FRACTIONS 15

Pour chacun des tableaux suivants, une fraction est présentée de plusieurs façons différentes, mais toutes équivalentes. Trouve ce qui manque sans oublier la facture.

1.

Dessin	Produit	Autres formes équivalentes
a) 	**c)** **?**	**e)** $2 + \frac{1}{4}$ **f)** Invente au moins deux autres formes originales.

Somme	Fraction ordinaire	Facture
b) **?**	**d)** **?**	**g)** 1 melon: 2 \$ quantité illustrée: # \$

2.

Dessin	Produit	Autres formes équivalentes
a) 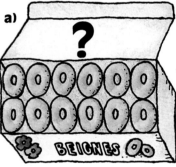	**c)** **?**	**e)** Invente au moins trois autres formes originales.

Somme	Fraction ordinaire	Facture
b) $\frac{1}{3} + \frac{1}{3}$	**d)** **?**	**f)** 1 douzaine de beignes: 3 \$ beignes achetés: # \$

3.

Dessin	Produit	Autres formes équivalentes
a)	**c)** **?**	**e)** $\frac{1}{2} + \frac{1}{8}$ **f)** Invente au moins deux autres formes originales.

Somme	Fraction ordinaire	Facture
b) **?**	**d)** **?**	**g)** 1 mètre carré de tapis: 12 \$ quantité achetée: # \$

FRACTIONS 16

1. Un jour, quatre farceurs se sont présentés chez Fractioné.

Observe ce qu'ils ont commandé et essaie de découvrir ce que Fractioné a fait pour se sortir d'embarras.

a) $\frac{500}{1000}$ **b)** $\frac{75}{100}$ **c)** $\frac{444}{555}$ **d)** $\frac{210}{630}$

2. Voici le morceau de pizza que Simon a reçu.

Il avait inscrit $\frac{2}{5}$ au tableau de Fractioné.

En respectant la grandeur du morceau de pizza, peux-tu tracer la pizza entière?

3. Isabelle commande $\frac{3}{4}$ d'une pizza.

Avant de manger, elle coupe son morceau en petits carrés. Combien de petits carrés comme ceux qui apparaissent dans son assiette aurait-elle obtenus si elle avait commandé une pizza entière? Prouve ta réponse par un dessin.

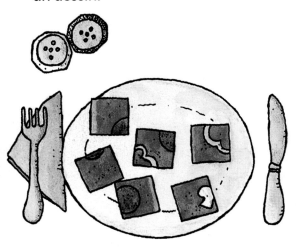

Pour les as

4. Voici ce que Kim a commandé: $\frac{1}{2} + \frac{1}{6}$.

On lui a remis ce qu'elle désirait, mais en un seul morceau. En respectant la grandeur du morceau dans son assiette, trace la pizza entière.

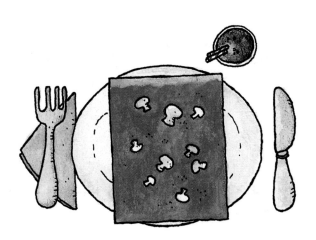

Des fractions partout

Voir *Guide d'enseignement et d'activités,* problème 7.

Voir *Guide d'enseignement et d'activités,* problème 8.

Voir *Guide d'enseignement et d'activités,* problème 9.

Cherche dans les journaux ou dans des phrases qui sont utilisées fréquemment des expressions comportant des fractions. Que signifient ces expressions? Apporte tes trouvailles en classe et montre-les à tes camarades.

FRACTIONS 18

1. Dans ce groupe d'enfants, quelle fraction représente ceux qui portent des lunettes?

$\frac{\#}{\#}$

2. Quelle fraction représente la partie de la tablette de chocolat qui a été mangée?

$\frac{\#}{\#}$

3. Quelle fraction représente les carreaux brisés de cette fenêtre?

$\frac{\#}{\#}$

4. Quelle fraction représente la partie du pâté qui a été mangée?

$\frac{\#}{\#}$

 Pour les as

5. Sonia devait laver ces quatre tableaux. Elle a déjà terminé un grand et le petit. Quelle fraction représente l'ouvrage qu'elle a fait?

$\frac{\#}{\#}$

6. Voici le chemin que suit Antoine pour se rendre de sa maison au lac. Quelle fraction représente le chemin parcouru depuis sa maison?

$\frac{\#}{\#}$

139

FRACTIONS 19

Pour chaque problème, refais le dessin et colorie ce qui est demandé.

1. Il est exactement 7 heures. Où sera l'aiguille des minutes dans trois quarts d'heure? En quoi cela rappelle-t-il la fraction $\frac{3}{4}$?

2. David dit que $\frac{2}{3}$ des tomates que tu vois ici proviennent de son jardin. Celles qui ne sont pas mûres proviennent d'ailleurs. Combien y-a-t-il de tomates vertes?

3. Redessine ce mur en voilant la moitié des ouvertures.

4. Les $\frac{3}{4}$ de ces biscuits sont au chocolat, les autres sont à la vanille. Combien y en a-t-il de chaque sorte?

5. Les $\frac{3}{8}$ d'une rue ont été repavés. Dessine cette rue et colorie ce qui reste à faire.

6. Ce verre contient $\frac{3}{5}$ de jus d'orange. Représente cela par un dessin.

7. Quelqu'un a mangé $\frac{7}{7}$ de ce melon. Colorie la portion qui a été mangée.

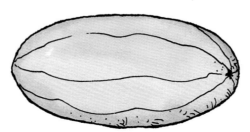

Pour les as

8. Le $\frac{1}{4}$ du terrain est couvert de gazon, le reste de l'espace est boisé. Dessine le terrain.

140

FRACTIONS 20

Le marchand de fruits possède des sacs de papier de cinq grandeurs différentes.
À l'aide des indices suivants, trouve combien de pommes peut contenir chaque format.
Écris la quantité pour chaque sac. Prouve tes réponses à l'aide de dessins.

1.

c'est $\frac{1}{3}$ d'un petit sac.

Petit sac

2.

ce sont les $\frac{3}{5}$ d'un moyen sac.

Moyen sac

3.

c'est $\frac{1}{4}$ d'un grand sac.

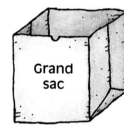

Grand sac

 4.

Il y a 84 pommes dans $\frac{7}{4}$ d'un très grand sac.

Très grand sac

 5.

Il y a 150 pommes dans $1\frac{1}{2}$ sac extra-grand.

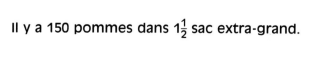

Extra-grand sac

141

FRACTIONS 21

Chez Fractioné

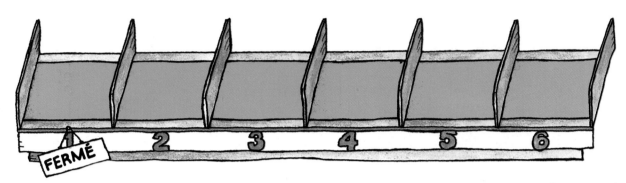

Les affaires de Fractioné vont bien et il a amélioré son organisation. Les pizzas sont maintenant découpées le matin, à l'avance. Les clients ont donc le choix entre six comptoirs différents selon la grandeur des morceaux désirés (voir *Guide d'enseignement et d'activités*, problème 13).

1. a) Jessica désire acheter la moitié d'une pizza. Le comptoir numéro 1 est fermé. À quel comptoir peut-elle aller et que va-t-elle demander?

b) Pour chaque solution, écris une phrase mathématique qui exprime bien ton idée.

c) Jessica prétend qu'elle peut aller à n'importe quel comptoir pour obtenir ce qu'elle désire. Que doit-elle commander aux comptoirs numéros 2 et 4? Peux-tu exprimer cela par des phrases mathématiques?

2. Jonathan désire acheter $\frac{1}{4}$ de pizza pour son frère et $\frac{3}{8}$ de pizza pour lui-même. Existe-t-il un comptoir où il peut faire ces deux commandes? Dessine ta solution et écris une phrase mathématique qui la représente.

3. À quel comptoir peut-on faire simultanément les commandes suivantes en utilisant une seule fraction? Dessine ta solution et écris une phrase mathématique pour chaque cas.

a) $\frac{1}{2}$ et $\frac{1}{3}$ **b)** $\frac{3}{4}$ et $\frac{1}{8}$ **c)** $\frac{1}{2}$ et $\frac{2}{5}$

d) $\frac{1}{3}$ et $\frac{5}{6}$

e) $\frac{1}{2}$, $\frac{3}{4}$ et $\frac{5}{8}$

142

FRACTIONS 22

1. Sacha achète une demi-douzaine d'œufs, Valérie $\frac{2}{4}$ d'une douzaine et Patrick $\frac{6}{12}$ d'une douzaine. Qui achète le plus d'œufs parmi ces trois camarades? Illustre ta solution.

Pour les as

2. En héritage, M. Dollars Généreux laisse sa fortune à ses trois enfants. Élizabeth en reçoit la moitié et Alexandre reçoit les trois huitièmes de l'autre moitié. L'argent qui reste, soit 20 000 $, va à Stéphanie. Combien d'argent reçoivent Alexandre et Élizabeth?

3. Utilise tes pizzas carrées (carton Fractions 2). Trouve au moins 10 façons différentes de remplir le moule ci-contre, chaque fois avec des morceaux de diverses grandeurs. Pour chaque façon, écris la phrase mathématique qui montre comment tu as reconstitué la pizza entière.

4. Avec tes pizzas carrées, vérifie chacune des égalités suivantes. S'il y a erreur, récris correctement la phrase mathématique.

a) $\frac{3}{6} + \frac{1}{12} + \frac{1}{3} = \frac{5}{6}$

b) $\frac{3}{4} - \frac{3}{8} = \frac{3}{8}$

c) $2 \times \frac{1}{3} - \frac{1}{6} = \frac{5}{12}$

d) $\frac{1}{2} + \frac{1}{3} = \frac{5}{8}$

e) $\frac{1}{2} + \frac{2}{12} = 1 - \frac{1}{3}$

f) $\frac{1}{2} - \frac{1}{6} = \frac{4}{12}$

FRACTIONS 23

1. Utilise tes pizzas de carton pour représenter les phrases mathématiques suivantes. Complète à l'aide d'une fraction unique.

a) $\frac{4}{8} + \frac{1}{8} - \frac{1}{8} + \frac{3}{8} - \frac{2}{8} = \frac{\#}{\#}$

b) $\frac{9}{2} \div 3 = \frac{\#}{\#}$

c) $\frac{5}{6} + \frac{3}{6} - \frac{1}{3} = \frac{\#}{\#}$

d) $(4 \times \frac{1}{8}) + (2 \times \frac{1}{4}) = \frac{\#}{\#}$

e) $\frac{3}{4} - \frac{1}{8} = \frac{\#}{\#}$

f) $1 - \frac{2}{3} + \frac{3}{6} = \frac{\#}{\#}$

g) $\frac{1}{2} - \frac{1}{4} - \frac{1}{8} = \frac{\#}{\#}$

h) $\frac{2}{6} + \frac{1}{4} + \frac{1}{6} + \frac{1}{8} + \frac{3}{4} + \frac{3}{8} = \frac{\#}{\#}$

i) $\frac{1}{2} \div 3 = \frac{\#}{\#}$

j) $1 - \frac{1}{2} - \frac{1}{4} - \frac{1}{8} = \frac{\#}{\#}$

---

2. Peux-tu compléter ces phrases mathématiques sans l'aide de dessin ni de matériel?

a) $\frac{1}{2} + \frac{1}{4} + \frac{1}{4} + \frac{1}{4} = \frac{\#}{\#}$

b) $\frac{4}{6} + \frac{1}{6} - \frac{2}{3} = \frac{\#}{\#}$

c) $2 - \frac{2}{3} = \frac{\#}{\#}$

d) $2 + \frac{1}{4} - \frac{1}{8} = \frac{\#}{\#}$

e) $\frac{1}{3} + \frac{2}{3} = \frac{\#}{\#}$

f) $\frac{1}{2} + \frac{1}{4} = \frac{\#}{\#}$

g) $1 + \frac{8}{2} = \frac{\#}{\#}$

h) $\frac{1}{3} - \frac{4}{6} = \frac{\#}{\#}$

i) $\frac{1}{4} \div 3 = \frac{\#}{\#}$

j) $3 \times \frac{2}{5} = \frac{\#}{\#}$

3. Quel est le tiers de la moitié de 60? $\frac{1}{3} \times (\frac{1}{2} \times 60) = \#$

4. Environ un sixième des écoliers sont gauchers. Combien de gauchers devrait-il y avoir environ dans ta classe?

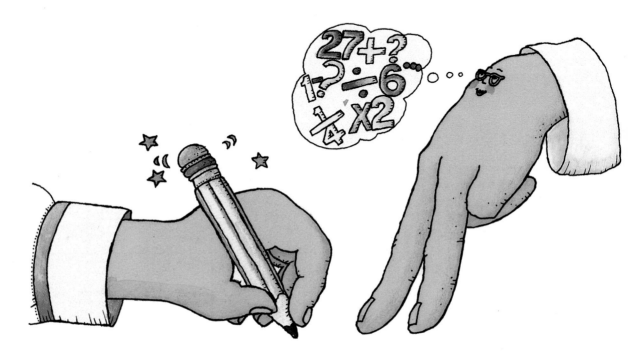

FRACTIONS 24

1. Pour chaque cas, trouve plusieurs fractions équivalentes.

a) $\frac{1}{2} = \frac{\#}{4} = \frac{3}{\#} = \frac{\#}{10} = \frac{6}{\#}$

b) $\frac{1}{3} = \frac{\#}{6} = \frac{\#}{9} = \frac{5}{\#} = \frac{10}{\#}$

c) $\frac{2}{5} = \frac{4}{\#} = \frac{6}{\#} = \frac{20}{\#} = \frac{10}{\#}$

d) $\frac{1}{10} = \frac{\#}{\#} = \frac{\#}{\#} = \frac{\#}{\#} = \frac{\#}{\#}$

2. Place les fractions suivantes en ordre croissant.

a) $\frac{1}{6}, \frac{2}{3}, \frac{1}{2}, \frac{5}{6}$

b) $\frac{3}{6}, \frac{3}{4}, \frac{3}{2}, \frac{3}{8}$

c) $\frac{1}{5}, \frac{3}{5}, \frac{6}{5}, \frac{4}{5}$

d) $\frac{1}{2}, \frac{9}{10}, \frac{1}{10}, \frac{2}{8}, \frac{1}{9}, \frac{2}{3}, \frac{15}{12}, \frac{3}{8}$

Pour les as

3. Place le signe qui convient (>, < ou =) dans le cercle.

a) $\frac{1}{3} + \frac{2}{6}$ Ⓗ $\frac{2}{3} + \frac{2}{6}$

b) $4 + \frac{1}{3}$ Ⓗ $\frac{13}{3}$

c) $\frac{3}{5}$ Ⓗ $\frac{5}{3}$

d) $\frac{1}{10} + \frac{1}{4}$ Ⓗ $\frac{2}{8}$

e) $2 + \frac{1}{3}$ Ⓗ $\frac{2+1}{3}$

f) $8 \times \frac{3}{4}$ Ⓗ $\frac{3}{4} \times 8$

4. Complète les égalités suivantes.

a) $\frac{2}{3} = \frac{\#}{12}$

b) $3 \times \frac{\#}{8} = \frac{6}{8}$

c) $\frac{3}{5} + \frac{\#}{\#} = 1$

d) $\# \times \frac{1}{10} = \frac{6}{10}$

e) $1 - \frac{\#}{\#} = \frac{2}{9}$

f) $\frac{4}{7} + \frac{2}{7} - \frac{\#}{\#} = \frac{1}{7}$

COUP DE POUCE

1. Voici un drapeau que tu peux fabriquer avec des réglettes:

a) Combien de réglettes roses faut-il pour construire un autre drapeau de la même grandeur que celui-ci? Fais-le.

b) Combien de réglettes rouges faut-il pour construire un autre drapeau de la même grandeur? Fais-le.

c) Combien de réglettes blanches faut-il pour construire un autre drapeau de la même grandeur? Fais-le.

d) Utilise tes constructions pour compléter:
- Une bande rose représente $\frac{\#}{\#}$ du drapeau.
- La bande rouge représente $\frac{\#}{\#}$ du drapeau.
- Un carré blanc représente $\frac{\#}{\#}$ du drapeau.

2. Chacune des fractions suivantes représente la partie verte de l'un des drapeaux. Associe chaque fraction au drapeau qui convient. Prouve ta réponse au moyen de tes réglettes.

$\boxed{\frac{1}{2}}$ $\boxed{\frac{1}{4}}$ $\boxed{\frac{2}{3}}$ $\boxed{\frac{3}{5}}$

a) **b)** **c)** **d)**

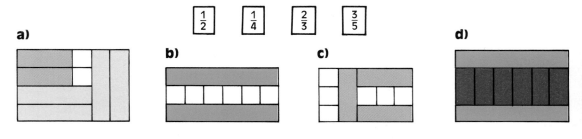

3. a)

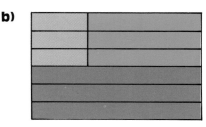

Quelle fraction occupe chacune des couleurs dans ce drapeau? Prouve tes réponses à l'aide de tes réglettes.

b)

Quelle fraction occupe chaque couleur? Prouve ta réponse au moyen de tes réglettes.
— Vert pâle?
— Vert foncé?
— Bleu?

FRACTIONS 26

COUP DE POUCE ✦✦✦✦✦✦

Dans chacun des tableaux suivants, une fraction est présentée de plusieurs façons différentes, mais toutes équivalentes. Trouve ce qui manque sans oublier la facture.

1.

Dessin	Produit	Autres formes équivalentes
a) 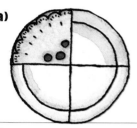	**c)** $3 \times \frac{\#}{\#}$	**e)** $\frac{1}{2} + \frac{\#}{\#}$ **f)** Invente deux autres formes originales.

Somme	Fraction ordinaire	Facture
b) ?	**d)** ?	**g)** 1 pâté: 4 $ morceaux enlevés: # $

2.

Dessin	Produit	Autres formes équivalentes
a) 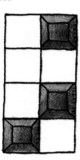	**c)** ?	**e)** $\frac{3}{8} + \frac{\#}{\#}$ **f)** $\frac{8}{8} - \frac{\#}{\#}$ **g)** Invente une autre forme originale.

Somme	Fraction ordinaire	Facture
b) ?	**d)** ?	**h)** 1 tablette de chocolat: 80¢ morceaux mangés: # ¢

3.

Dessin	Produit	Autres formes équivalentes
a) 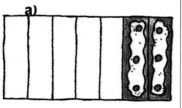	**c)** ?	**e)** $\frac{\#}{\#} + \frac{\#}{\#} - \frac{\#}{\#}$ **f)** Invente deux autres formes originales.

Somme	Fraction ordinaire	Facture
b) ?	**d)** ?	**g)** 1 gâteau: 14 $ partie mangée: # $

COUP DE POUCE

Dans chacun des tableaux suivants, une fraction est présentée de plusieurs façons différentes, mais toutes équivalentes. Trouve ce qui manque sans oublier la facture.

1. Dessin

a)

Pot de 1 litre

Produit

c) ?

Autres formes équivalentes

e) $\frac{1}{3} + \frac{\#}{\#}$

f) Invente deux autres formes originales.

Somme

b) $\frac{1}{3} + \frac{1}{3} + \frac{1}{3}$

Fraction ordinaire

d) ?

Facture

g) 1 litre de jus: 2 $
quantité achetée: # $

---

2. Dessin

a) ?

Produit

c) $5 \times \frac{1}{6}$

Autres formes équivalentes

e) $\frac{6}{6} - \frac{\#}{\#}$

f) Invente deux autres formes originales.

Somme

b) ?

Fraction ordinaire

d) ?

Facture

g) 1 mètre de toile: 18 $
quantité achetée: # $

---

3. Dessin

a)

Produit

c) ?

Autres formes équivalentes

e) $\frac{2}{4} + \frac{\#}{\#} - \frac{3}{4}$

f) Invente deux autres formes originales.

Somme

b) ?

Fraction ordinaire

d) $\frac{7}{4}$

Facture

g) 1 tarte aux cerises: 2 $
morceaux achetés: # $

FRACTIONS 28

COUP DE POUCE ★★★★★★

Utilise les pizzas de carton pour résoudre les problèmes suivants.

1. Trouve quatre façons différentes de remplir la moitié du moule. À chaque fois, au moins deux morceaux doivent être différents. Écris les phrases mathématiques qui représentent tes découvertes.

2. Vérifie chacune de ces égalités. S'il y a des erreurs, corrige-les.

a) $\frac{1}{2} + \frac{1}{4} = \frac{3}{8}$

b) $\frac{3}{6} + \frac{2}{4} = \frac{5}{10}$

c) $\frac{1}{3} + \frac{4}{12} - \frac{2}{6} = \frac{1}{2}$

d) $2 \times \frac{2}{8} + \frac{1}{4} - \frac{1}{8} = 0$

e) $\frac{5}{6} - \frac{1}{3} - \frac{1}{12} = \frac{4}{12}$

3. Place le signe qui convient ($>$, $<$ ou $=$) dans le cercle.

a) $\frac{3}{12}$ (#) $\frac{1}{4}$

b) $\frac{5}{6}$ (#) $\frac{3}{8}$

c) $\frac{1}{2} + \frac{1}{3}$ (#) $\frac{6}{6}$

d) $\frac{3}{8} + \frac{3}{12}$ (#) $\frac{4}{6}$

e) $\frac{1}{6} + \frac{3}{6} - \frac{2}{6}$ (#) $\frac{2}{3} - \frac{1}{3}$

f) $1 - \frac{1}{2}$ (#) $\frac{5}{12}$

4. Trouve des fractions équivalentes à l'aide de tes pièces et écris-les.

a) $\frac{1}{2} = \frac{\#}{\#} = \frac{\#}{\#} = \frac{\#}{\#} = \frac{\#}{\#}$

b) $\frac{1}{3} = \frac{\#}{\#} = \frac{\#}{\#}$

c) $\frac{3}{4} = \frac{\#}{\#} = \frac{\#}{\#}$

d) $\frac{5}{6} = \frac{\#}{\#}$

5. Complète les égalités suivantes.

a) $\frac{5}{6} = \frac{2}{3} + \frac{\#}{\#}$

b) $\frac{1}{2} = \frac{3}{12} + \frac{\#}{\#}$

c) $\frac{5}{8} = \frac{3}{4} - \frac{\#}{\#}$

d) $\frac{1}{4} = \frac{5}{8} - \frac{\#}{\#}$

149

FRACTIONS 29

1. Connais-tu les *fractions empilées*? Cela ressemble un peu à un sandwich à plusieurs étages. Observe bien.

Dans ce dessin, on a colorié un grand carré et un petit carré. Le grand carré représente $\frac{1}{4}$ du dessin. Le petit carré représente le quart d'un quart $\frac{\frac{1}{4}}{4}$. La partie coloriée vaut donc $\frac{1\frac{1}{4}}{4}$. C'est un et un quart de quart! C'est plus que $\frac{1}{4}$, mais moins que $\frac{2}{4}$. À ton tour maintenant.

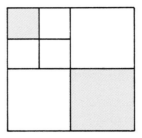

Pour chacune des figures, note une fraction empilée qui représente la partie coloriée.

a)

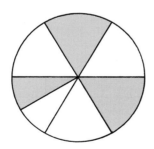

b)

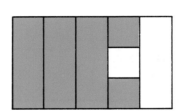

c)

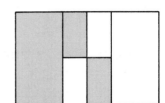

d)

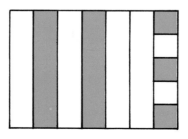

e)

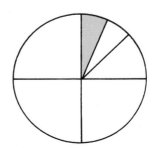

f)

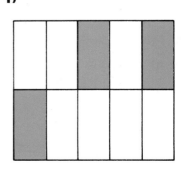

2. Représente chaque fraction empilée par un dessin. Un super as est toujours très précis.

a) $\frac{5\frac{1}{2}}{6}$ b) $\frac{1}{\frac{1}{3}}$ c) $\frac{4\frac{1}{4}}{5}$ d) $\frac{3\frac{1}{2}}{2}$

FRACTIONS 30

1. Imagine un drapeau rectangulaire. $\frac{1}{5}$ du drapeau est rouge, $\frac{1}{4}$ de ce qui reste est bleu, $\frac{1}{3}$ de ce qui reste est jaune, $\frac{1}{2}$ de ce qui reste est vert et tout le reste est blanc. Dessine ce drapeau et écris la fraction du drapeau entier que représente chacune des couleurs.

2. Lors d'une réception, Samuel a mangé la moitié du gâteau, Marie-Lise en a mangé le quart, Patricia le un huitième et Grégory seulement le un seizième. Personne d'autre n'a mangé de gâteau. Quelle fraction du gâteau n'a pas été mangée? Dessine ta solution et écris la phrase mathématique qui la représente.

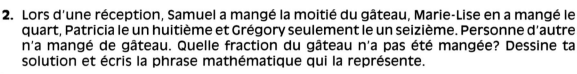

3. À la station-service du centre commercial, on propose des aubaines formidables. L'essence régulière ne coûte que 50 ¢ pour un litre. Linda fait le plein de sa moto. Le compteur indique qu'elle a mis $5\frac{3}{10}$ litres.

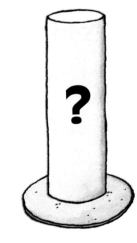

   a) Combien coûte ce plein?

   b) Utilise un cylindre gradué de 1 litre et montre ce que représente $\frac{3}{10}$ de litre. Dessine le cylindre avec cette quantité de liquide.

   c) Combien cela fait-il de millilitres? Écris ta réponse à l'aide d'une phrase mathématique.

4. La cafétéria du centre commercial est ouverte pendant 2 heures et quart pour le dîner.

   a) Combien de minutes cette période représente-t-elle? Écris ta réponse à l'aide d'une phrase mathématique.

   b) La période du dîner commence à 11 h 20. Donne l'heure de fermeture de la cafétéria.

5. Le jour de l'ouverture, 1 545 personnes sont venues faire des emplettes au centre commercial et $\frac{3}{5}$ de ces personnes étaient des hommes.

Combien de femmes ont fait des achats en cette journée d'ouverture? Écris ta réponse à l'aide d'une phrase mathématique.

FRACTIONS 31

1. Dans une heure, il y a 60 minutes. Combien y a-t-il de minutes dans la moitié d'un quart d'heure?

2. Un long métrage dure deux heures et demie. Combien cela fait-il de minutes?

3. Combien y a-t-il de minutes dans une heure et trois quarts?

4. Il y a soixante secondes dans une minute. Quelle fraction d'une heure représente

   a) 1 seconde?   b) 30 secondes?

   c) 15 secondes?

5. Nomme un mois de l'année qui compte exactement

   a) $4\frac{3}{7}$ semaines.   b) $4\frac{2}{7}$ semaines.

   c) $4\frac{1}{7}$ semaines.   d) 4 semaines.

6. Dans une année, il y a environ $365\frac{1}{4}$ jours. Combien y a-t-il de jours dans

   a) deux années?   b) quatre années?

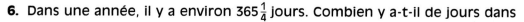

FRACTIONS 32

Les anciennes mesures de nos grands-parents

Tu as peut-être entendu des gens parler de mesures en pieds, en pouces, en pintes, en gallons, en milles ou en onces? Toutes ces mesures sont beaucoup moins employées de nos jours. C'est un système assez compliqué et tu seras un Super as si tu peux résoudre les problèmes suivants.

1. Le pied est une mesure de longueur égale à 12 pouces. Si une main équivaut à $\frac{1}{3}$ d'un pied, alors combien de pouces mesure une main?

2. Un pied mesure $\frac{1}{3}$ de verge. Combien y a-t-il de pouces dans une verge?

3. Un demi-mille, c'est 2 640 pieds. Combien y a-t-il de pieds dans un mille?

4. Si un objet mesure $\frac{3}{4}$ d'un pied, quelle est sa longueur en pouces?

5. Il y a deux pintes dans un demi-gallon. Quelle fraction d'un gallon représente une pinte? Combien y a-t-il de pintes dans un gallon?

6. Il y a 40 onces dans une pinte. Une chopine, c'est une demi-pinte. Combien y a-t-il d'onces dans une chopine?

7. Les onces peuvent mesurer le volume d'un liquide ou le poids d'un objet. S'il faut 4 onces pour obtenir $\frac{1}{4}$ de livre de plumes, combien y a-t-il d'onces dans $\frac{3}{4}$ d'une livre de plumes?

8. S'il y a 12 onces dans une livre d'or, combien $\frac{1}{2}$ livre d'or contient-elle d'onces d'or?

9. Qu'est-ce qui est le plus lourd: une livre d'or ou deux demi-livres de plumes?

10. Choisis quelques mots désignant ces anciennes mesures et cherche leur origine.

Géométrie

GÉOMÉTRIE A-1

Voici l'atelier d'une grande bijouterie. On y fabrique de magnifiques bijoux.

Dans cet atelier, les ouvrières et les ouvriers qui classent les pierres précieuses sont aveugles. Pourtant, grâce à leur remarquable sens du toucher, ils parviennent à répartir les pierres selon certaines propriétés.

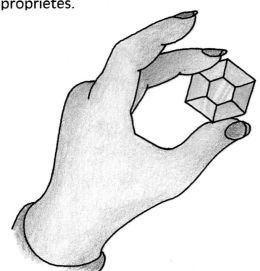

Voici, par exemple, un lot d'émeraudes taillées qui doivent être classées. Quelles caractéristiques peuvent être discernées seulement au toucher? Trouve plusieurs possibilités.

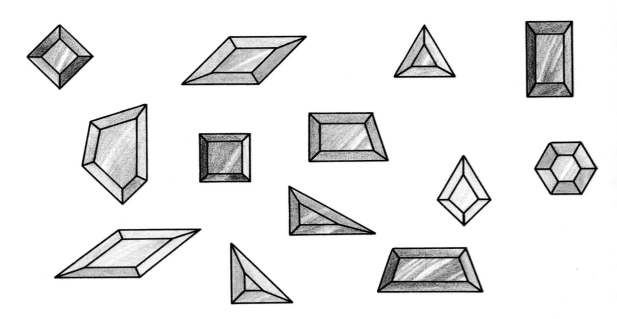

GÉOMÉTRIE A-2

As-tu déjà vu un vitrail? C'est en réalité tout un casse-tête géométrique!

Le tangram est aussi un joli casse-tête géométrique. Il est constitué de 7 figures bien connues.

Avec un peu de patience, tu pourras certes réussir à résoudre les quelques problèmes qui te sont présentés.

Découpe d'abord minutieusement toutes les pièces de ton tangram.

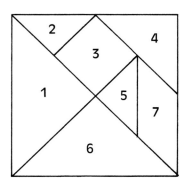

1. Peux-tu décrire la forme de chacune des pièces?

2. À l'aide de ces pièces, reconstitue exactement le vitrail de forme *hexagonale* qui apparaît ci-dessous.

Deux solutions sont différentes si tu emploies des pièces différentes ou si en te servant des mêmes pièces tu les places de façons nettement différentes. Dessine toutes tes solutions avec précision.

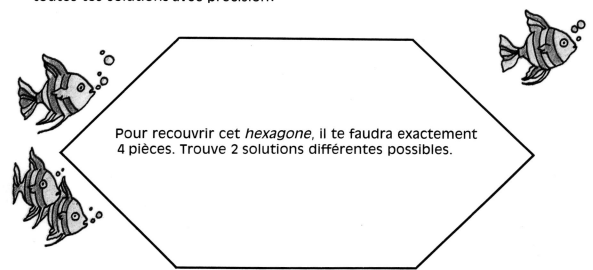

Pour recouvrir cet *hexagone*, il te faudra exactement 4 pièces. Trouve 2 solutions différentes possibles.

GÉOMÉTRIE A-3

1. Voici deux *rectangles*. L'un d'eux est beaucoup plus élégant que l'autre. Voilà pourquoi nous lui donnons le nom de *carré*. Un carré est un rectangle amélioré.

Recouvre les deux formes avec les pièces de ton tangram et dessine soigneusement tes solutions.

Utilise exactement 3 pièces.

Il y a plusieurs solutions. Peux-tu les découvrir toutes?

On ne te dit pas combien de pièces il te faut.

Tu peux le découvrir seul.

2. Peux-tu tracer 8 figures à quatre côtés qui soient toutes de *formes différentes*? Utilise ta règle et sois précis(e). Parmi tes figures, essaie d'en tracer qui ont

a) exactement un angle droit;

b) quatre côtés égaux sans être un carré;

c) exactement trois angles droits.

Les autres doivent être le plus originales possible. Découpe-les toutes et compare-les avec celles de tes camarades. Discutes-en avec toute la classe.

GÉOMÉTRIE A-4

1. Avec des pièces de ton tangram, recouvre exactement ce vitrail triangulaire.

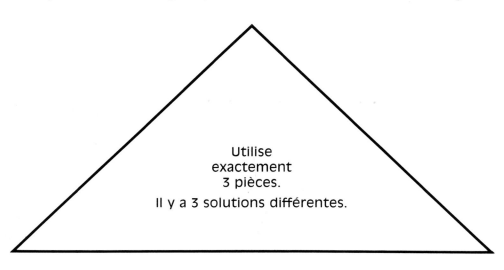

Utilise
exactement
3 pièces.

Il y a 3 solutions différentes.

2. Observe bien ces topazes. Utilise ta règle et le coin d'une feuille de papier pour reconnaître la pierre que ton enseignant-e décrit (voir *Guide d'enseignement et d'activités*, problème 5).

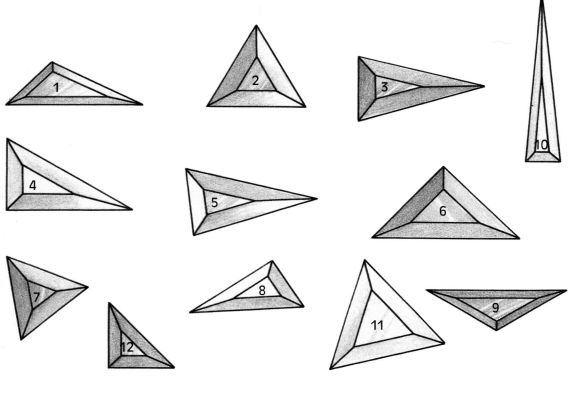

GÉOMÉTRIE A-5

1. Voici plusieurs triangles. Place-les à l'entrée des machines à classer. Si tu effectues correctement la classification, tu découvriras le nom donné à chacun.

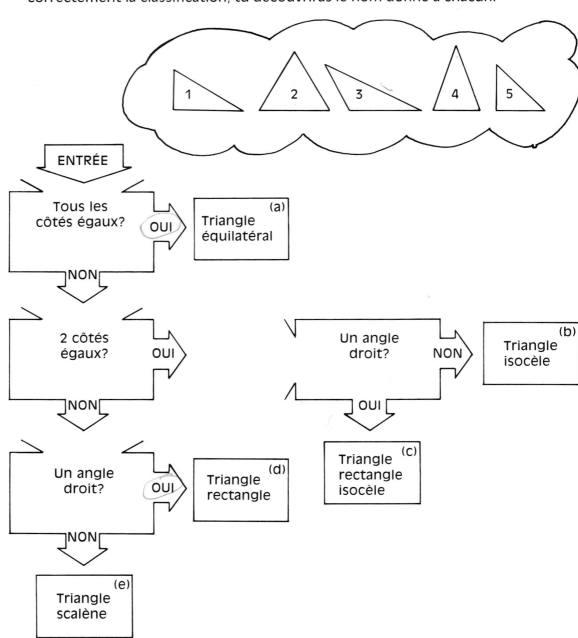

2. Dessine puis découpe un triangle de chaque sorte. Écris le nom sur chaque triangle.

3. Avec des cure-pipes, des pailles ou des bâtonnets, peux-tu fabriquer

   a) un triangle ayant exactement deux angles droits?

   b) un triangle rectangle isocèle dont le plus grand côté mesure 8 cm?

GÉOMÉTRIE A-6

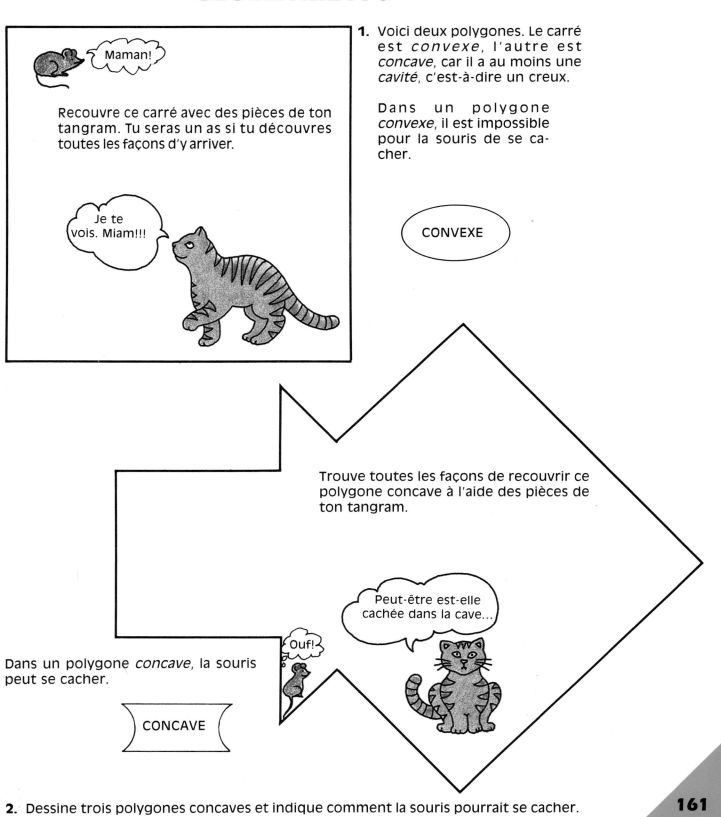

1. Voici deux polygones. Le carré est *convexe*, l'autre est *concave*, car il a au moins une *cavité*, c'est-à-dire un creux.

Dans un polygone *convexe*, il est impossible pour la souris de se cacher.

CONVEXE

Recouvre ce carré avec des pièces de ton tangram. Tu seras un as si tu découvres toutes les façons d'y arriver.

Maman!

Je te vois. Miam!!!

Trouve toutes les façons de recouvrir ce polygone concave à l'aide des pièces de ton tangram.

Peut-être est-elle cachée dans la cave...

Ouf!

Dans un polygone *concave*, la souris peut se cacher.

CONCAVE

2. Dessine trois polygones concaves et indique comment la souris pourrait se cacher.

1. Voici des polygones.

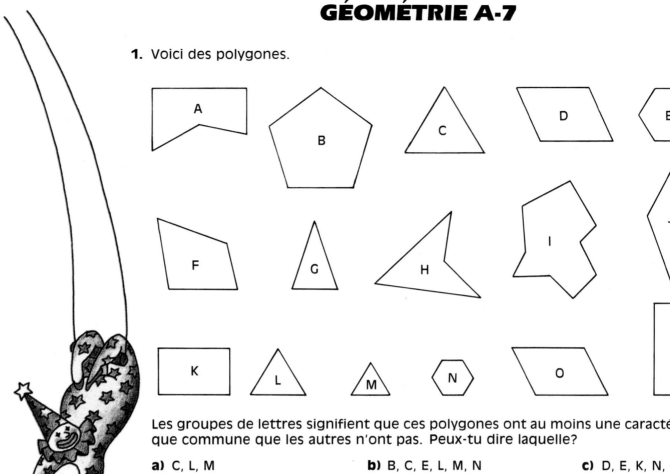

Les groupes de lettres signifient que ces polygones ont au moins une caractéristique commune que les autres n'ont pas. Peux-tu dire laquelle?

a) C, L, M

b) B, C, E, L, M, N

c) D, E, K, N, O, P

d) A, H, I

e) A, K, P

f) A, B

g) D, F, H, J, K, O, P

2. Voici un *trapèze*. C'est un quadrilatère dont *au moins* deux côtés sont parallèles. Selon toi, un carré est-il un trapèze?

Il y a 4 façons différentes de recouvrir cette forme avec des pièces de ton tangram. Peux-tu toutes les trouver? Dessine bien tes solutions.

GÉOMÉTRIE A-8

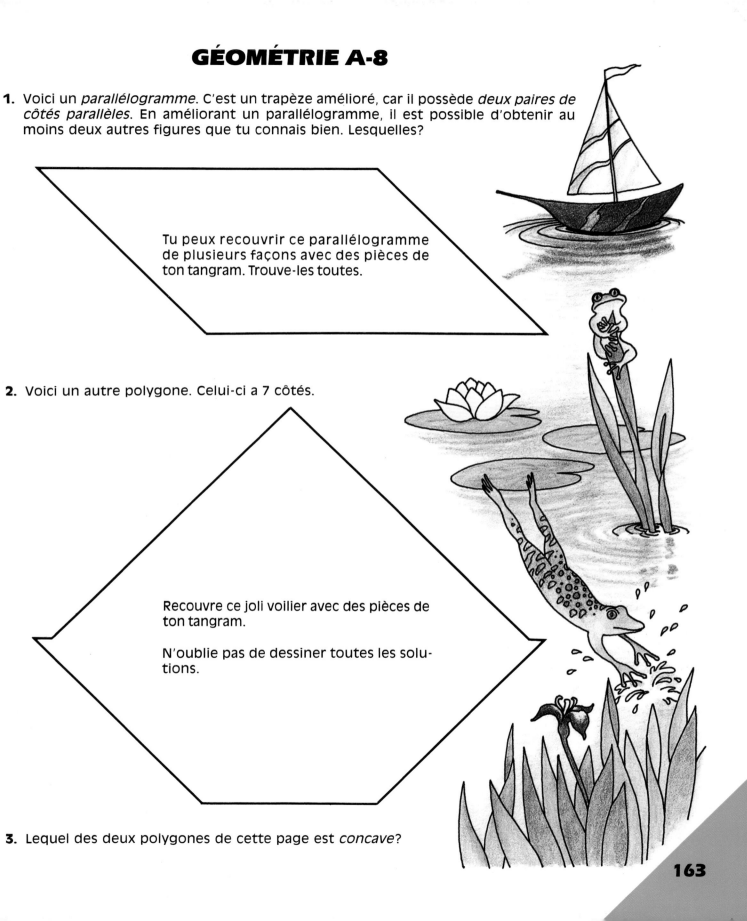

1. Voici un *parallélogramme*. C'est un trapèze amélioré, car il possède *deux paires de côtés parallèles*. En améliorant un parallélogramme, il est possible d'obtenir au moins deux autres figures que tu connais bien. Lesquelles?

Tu peux recouvrir ce parallélogramme de plusieurs façons avec des pièces de ton tangram. Trouve-les toutes.

2. Voici un autre polygone. Celui-ci a 7 côtés.

Recouvre ce joli voilier avec des pièces de ton tangram.

N'oublie pas de dessiner toutes les solutions.

3. Lequel des deux polygones de cette page est *concave*?

GÉOMÉTRIE A-9

L'atelier de bijoux vient de recevoir des rubis. Les pierres sont déposées sur les convoyeurs. À chaque table de travail, un ouvrier ou une ouvrière laisse passer certaines pierres et en garde d'autres pour fabriquer des bijoux d'après ce qui leur a été demandé.

Trouve à quelle sorte de bijou sert chacun des rubis. Essaie d'abord de les placer en passant par la gauche, puis vérifie en passant plutôt par la droite.

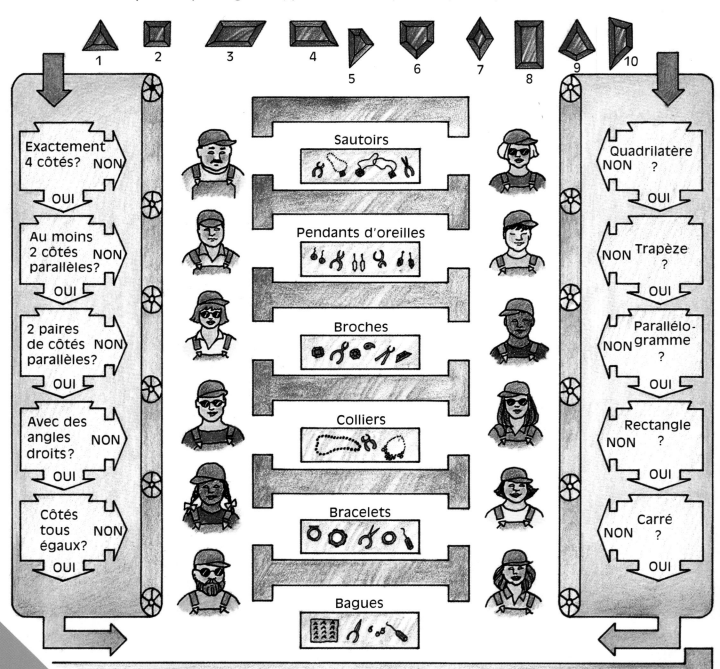

GÉOMÉTRIE A-10

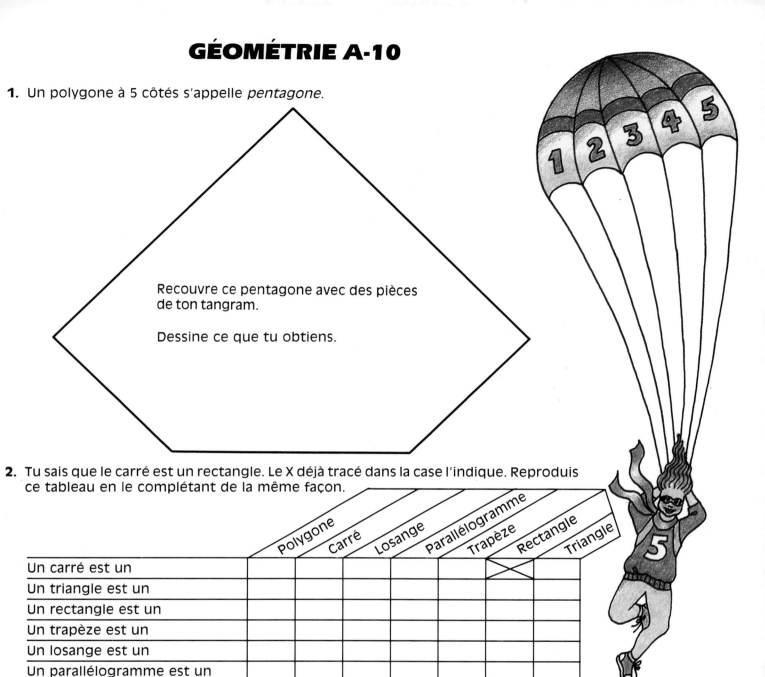

1. Un polygone à 5 côtés s'appelle *pentagone*.

Recouvre ce pentagone avec des pièces de ton tangram.

Dessine ce que tu obtiens.

2. Tu sais que le carré est un rectangle. Le X déjà tracé dans la case l'indique. Reproduis ce tableau en le complétant de la même façon.

	Polygone	Carré	Losange	Parallélogramme	Trapèze	Rectangle	Triangle
Un carré est un						X	
Un triangle est un							
Un rectangle est un							
Un trapèze est un							
Un losange est un							
Un parallélogramme est un							

3. En te servant des mots qui apparaissent dans le rectangle ci-dessous, complète le texte qui suit.

> carré(s), parallélogramme(s), polygone(s), quadrilatère(s), rectangle(s), trapèze(s), côté(s)

Toute figure limitée par une suite fermée de segments de droite s'appelle #. Les polygones qui ont exactement quatre côtés sont des #. Les losanges sont définis comme des quadrilatères dont tous les # sont égaux. Tous les quadrilatères qui ont au moins deux côtés parallèles sont des #. Lorsque des quadrilatères ont deux paires de côtés parallèles, ce sont des #. Si un quadrilatère possède quatre angles droits, c'est un #. Le quadrilatère le plus parfait s'appelle #.

COUP DE POUCE

Pour chaque groupe de polygones dessinés, il y en a un qui se distingue des trois autres. Trouve lequel et dis pourquoi.

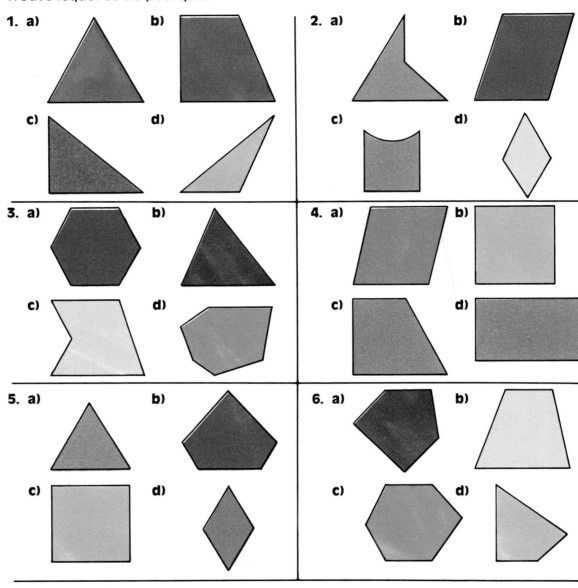

1. a)   b)   c)   d)

2. a)   b)   c)   d)

3. a)   b)   c)   d)

4. a)   b)   c)   d)

5. a)   b)   c)   d)

6. a)   b)   c)   d)

Pour les as

7. a) 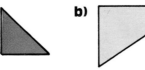   b)   c)    d)

COUP DE POUCE ★★★★★

Chacune de ces machines sert à classer les pierres précieuses dessinées ci-dessous.
Pour chaque cas, trouve à quelle sorte de bijou elles serviront.

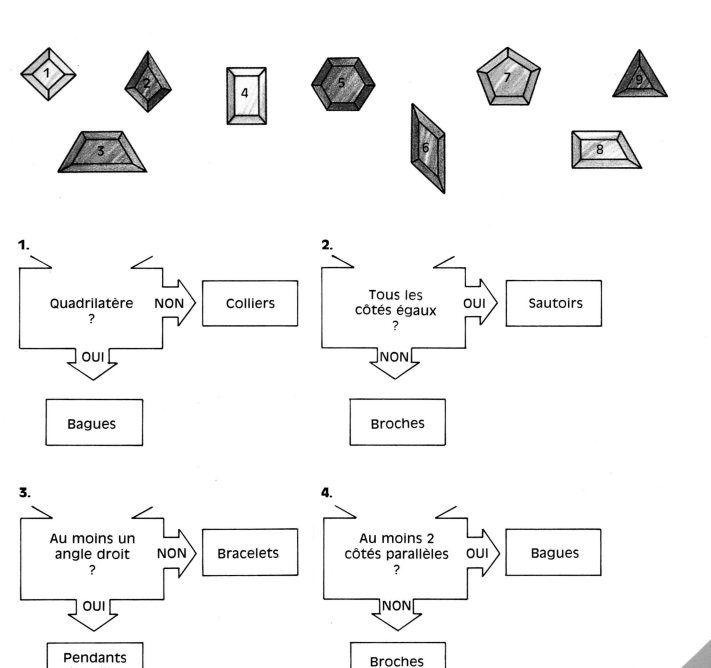

1.

Quadrilatère ? — NON → Colliers

OUI ↓

Bagues

2.

Tous les côtés égaux ? — OUI → Sautoirs

NON ↓

Broches

3.

Au moins un angle droit ? — NON → Bracelets

OUI ↓

Pendants d'oreilles

4.

Au moins 2 côtés parallèles ? — OUI → Bagues

NON ↓

Broches

COUP DE POUCE

Voici trois maisons que tu peux recouvrir à l'aide des pièces de ton tangram. Dessine bien les pièces utilisées pour chacune des maisons.

GÉOMÉTRIE A-14

Voici différentes figures que tu peux réaliser en utilisant toutes les pièces de ton tangram. Les dimensions ont été réduites. Tes constructions doivent cependant respecter les proportions. C'est tout un défi!

GÉOMÉTRIE A-15

1. Les quadrilatères peuvent tous être classés dans le diagramme suivant. Indique dans quelle zone il faut placer chacun des polygones ci-dessous.

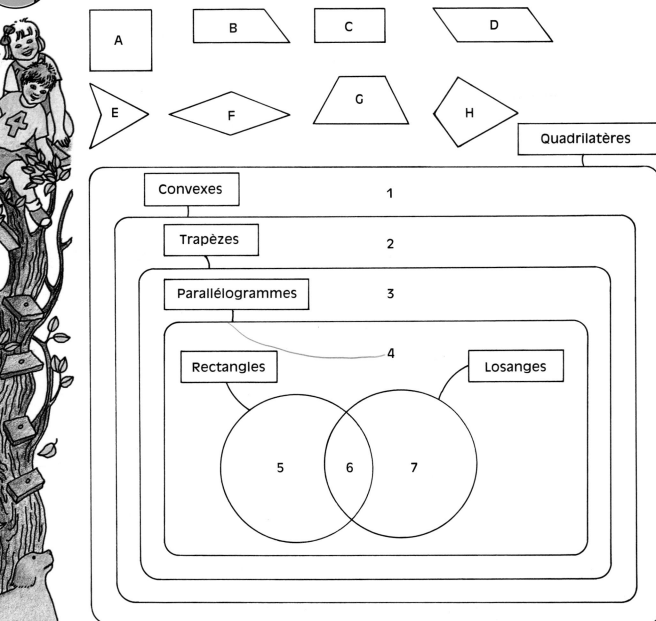

2. Quelle est la sorte de quadrilatère qui se trouve à la fois dans les rectangles et dans les losanges?

3. Essaie de dessiner un quadrilatère concave ayant

   a) 3 côtés égaux;

   b) 4 côtés égaux.

GÉOMÉTRIE B-16

De la visite!

J'arriverai à la gare vers 10 heures. Que dois-je faire pour me rendre chez toi?

C'est simple. Tu n'as qu'à bien suivre mes indications. D'abord...

Peux-tu diriger quelqu'un dans ce quartier ou suivre les indications de quelqu'un d'autre? (Voir *Guide d'enseignement et d'activités,* problème 6).

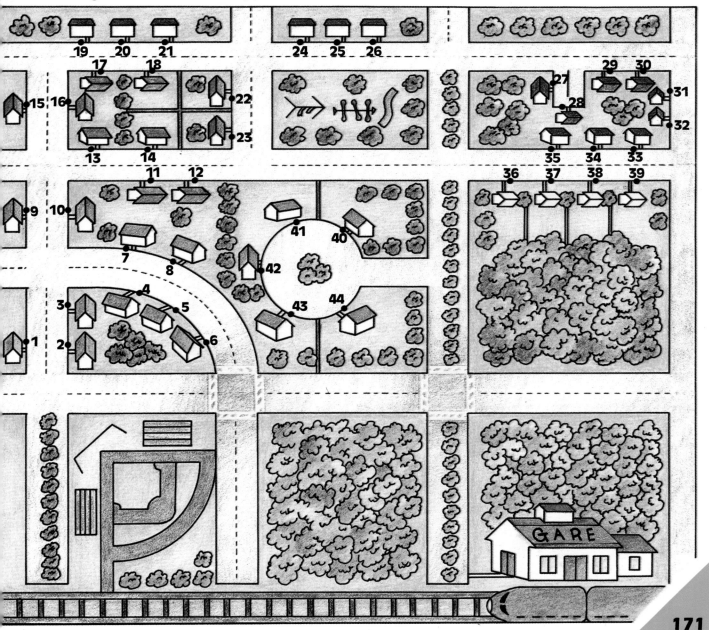

GÉOMÉTRIE B-17

Pour chaque encadré, un ou plusieurs glissements ont été effectués. Les traits et les flèches indiquent les trajets suivis. Pour chacun, décris la ou les translations (directions et distances).

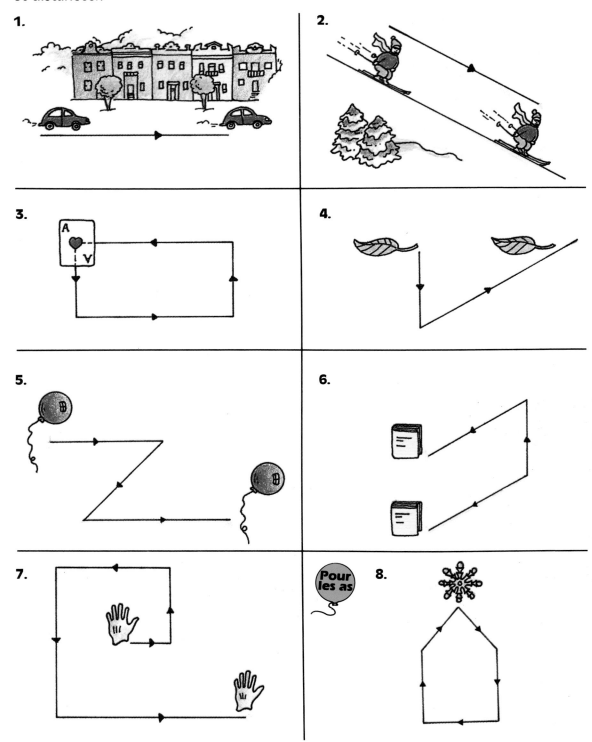

GÉOMÉTRIE B-18

Sur une feuille de papier, dessine la lettre à sa position de départ. Montre où elle se trouvera après les glissements indiqués. S'il y a des positions intermédiaires, trace la lettre à chaque position. Sois précis(e).

1. 2 cm vers 9 heures

T

2. 3 cm vers 1 heure

U

3. 2 cm vers 7 heures

E

4. 2 cm vers 12 heures

S

5. 5 cm vers 3 heures et 4 cm vers 6 heures

U

6. 3 cm vers 11 heures et 2 cm vers 5 heures

N

7. 2 cm vers 8 heures et 4 cm vers 2 heures

A

Pour les as

8. 2 cm vers 4 h 30, 3 cm vers 1 h 30 et 5 cm vers 10 h 30

S

GÉOMÉTRIE B-19

Dans chaque rectangle, une flèche est dessinée. Calque-la sur une feuille de papier. Exécute ensuite le mouvement décrit et recopie la flèche au bon endroit.

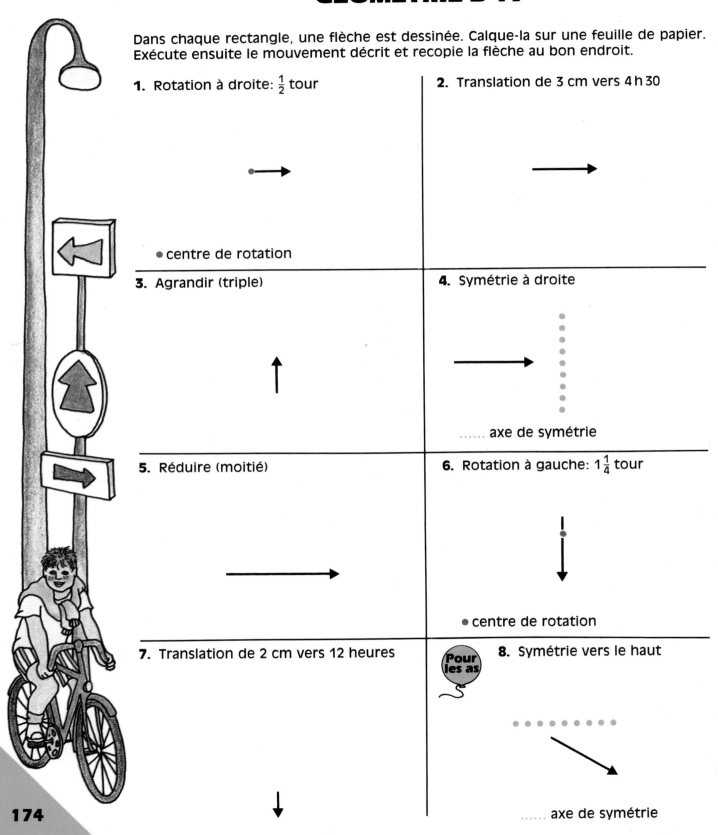

1. Rotation à droite: $\frac{1}{2}$ tour

• centre de rotation

2. Translation de 3 cm vers 4 h 30

3. Agrandir (triple)

4. Symétrie à droite

...... axe de symétrie

5. Réduire (moitié)

6. Rotation à gauche: $1\frac{1}{4}$ tour

• centre de rotation

7. Translation de 2 cm vers 12 heures

8. Symétrie vers le haut

...... axe de symétrie

Pour les as

GÉOMÉTRIE B-20

1. Dans chaque encadré, on a dessiné un objet qui a ensuite été déplacé. Quelles transformations ont été effectuées? Dis seulement s'il s'agit de rotation, de translation ou de symétrie ou de plusieurs transformations à la fois.

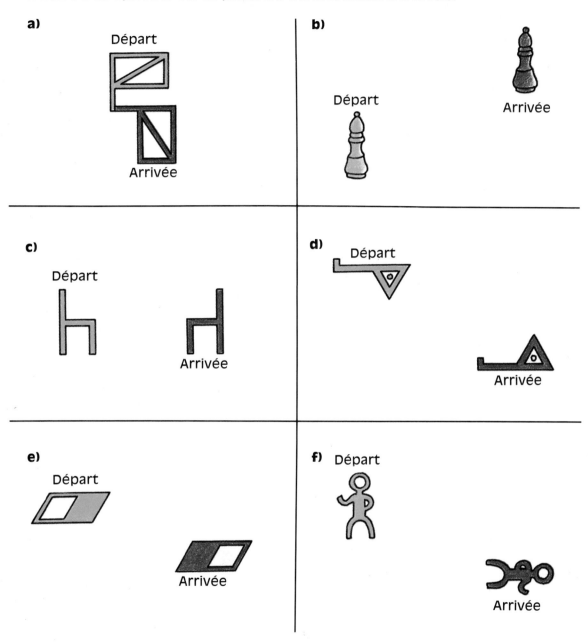

a) Départ / Arrivée

b) Départ / Arrivée

c) Départ / Arrivée

d) Départ / Arrivée

e) Départ / Arrivée

f) Départ / Arrivée

2. Décris les déplacements que fait ton crayon lorsque tu traces chacune des figures géométriques suivantes. Décide toi-même des longueurs de leurs côtés.

a) carré

b) parallélogramme

c) trapèze

d) losange

e) rectangle

f) octogone

GÉOMÉTRIE B-21

1. Chacun des programmes suivants décrit le trajet que doit parcourir la souris Vik à partir de la position donnée. Trace avec précision le chemin à suivre.

a) avance 40 mm
gauche $\frac{1}{4}$ de tour
avance 20 mm
gauche $\frac{1}{4}$ de tour
avance 20 mm
gauche $\frac{1}{4}$ de tour
avance 40 mm
droite $\frac{1}{4}$ de tour
avance 20 mm
droite $\frac{1}{4}$ de tour
avance 20 mm

b) gauche $\frac{1}{4}$ de tour
avance 50 mm
droite $\frac{1}{4}$ de tour
avance 5 cm
gauche $\frac{3}{4}$ de tour
avance 5 cm
droite $\frac{1}{4}$ de tour
avance 25 mm
gauche 1$\frac{3}{4}$ tour
avance 25 mm
droite $\frac{1}{4}$ de tour
avance 25 mm

2. Écris le programme pour que la souris téléguidée suive exactement chacun des trajets dans le sens indiqué par la flèche.

a)

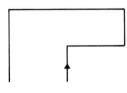

b)

c)

d)

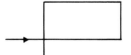

GÉOMÉTRIE B-22

1. Dessine chacun des trajets que doit parcourir la souris Vik.

a) Répète 4 [avance 10 mm
           droite $\frac{1}{4}$ de tour
           avance 10 mm
           gauche $\frac{3}{4}$ de tour
           avance 1 cm
           gauche $\frac{1}{4}$ de tour]

b) Répète 4 [avance 2 cm
           droite $\frac{1}{4}$ de tour
           avance 1 cm
           gauche $\frac{1}{4}$ de tour
           avance 1 cm
           gauche $\frac{1}{4}$ de tour
           avance 10 mm
           droite $\frac{1}{4}$ de tour
           avance 2 cm
           droite $\frac{1}{4}$ de tour]

2. Pour chaque trajet, trace le petit motif qui est répété. Tu seras l'as des as si tu peux écrire le programme qui convient en utilisant la commande RÉPÈTE...

a)

b)

Pour les as

c)

d) Il y a ici différents motifs qui conviennent. Peux-tu trouver au moins deux possibilités?

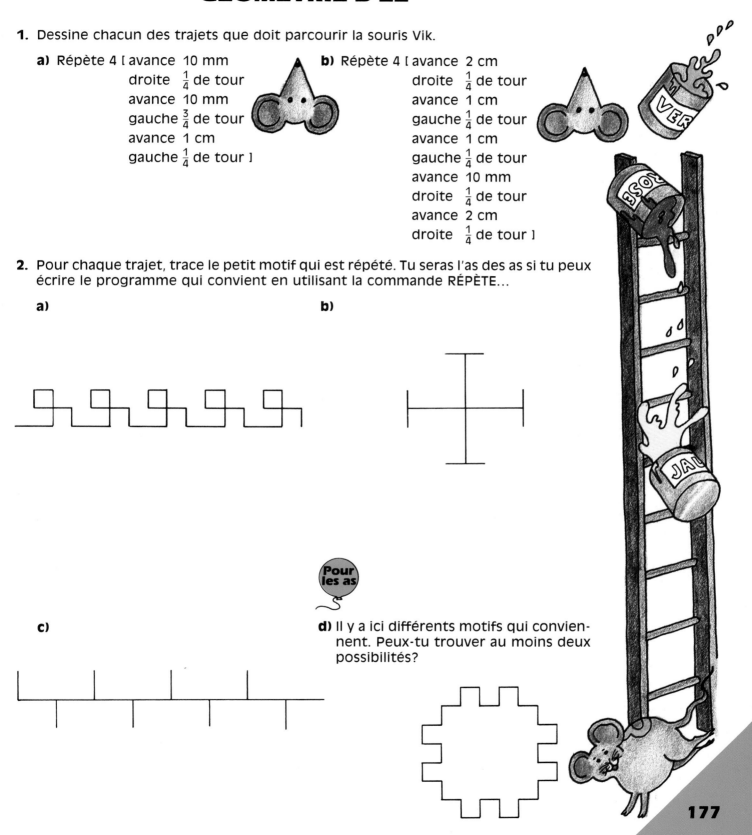

★★★★★ COUP DE POUCE

1. Le système des aviateurs permet de communiquer une direction. Pour cela, il faut que les deux personnes regardent dans la même direction, comme la pilote et le copilote de l'avion dessiné au centre de cette horloge.

On imagine alors que le 12 est placé en haut et devant, le 6 en bas et devant. Les autres chiffres de l'horloge sont ensuite placés comme à l'habitude.

La pilote de cet avion veut signaler au copilote la présence d'objets qui les entourent. À quelle heure se trouve

a) la Lune?　　**b)** le Soleil?　　**c)** la soucoupe?　　**d)** l'oiseau?

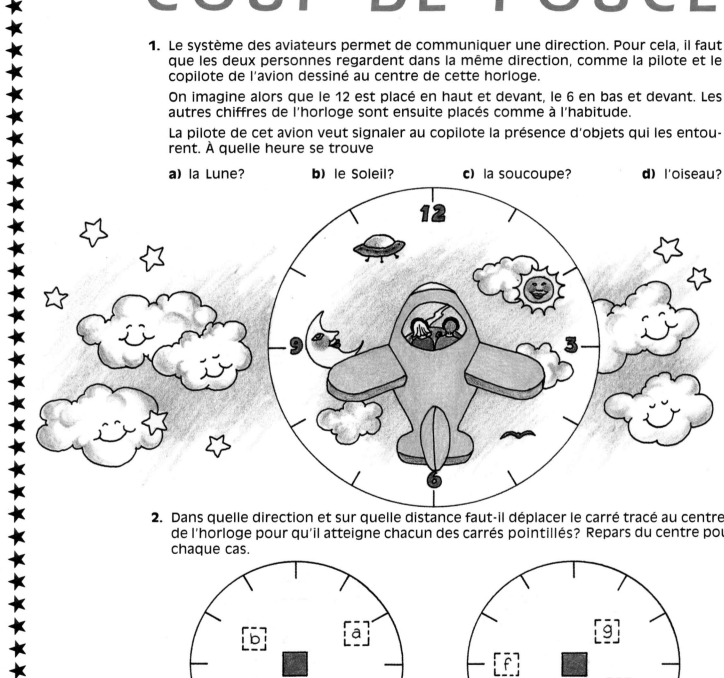

2. Dans quelle direction et sur quelle distance faut-il déplacer le carré tracé au centre de l'horloge pour qu'il atteigne chacun des carrés pointillés? Repars du centre pour chaque cas.

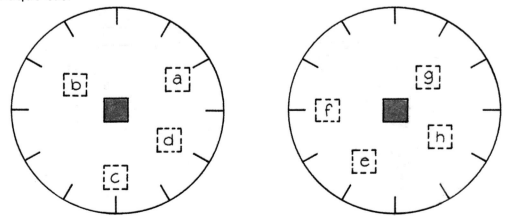

GÉOMÉTRIE B-24

COUP DE POUCE ✶✶✶✶✶✶

Pour chacun des problèmes suivants, un dessin de départ et un mouvement sont d'abord indiqués. Parmi les quatre réponses fournies, laquelle correspond à la position finale obtenue à la suite de ce déplacement?

1.

Symétrie vers le bas   **a)**   **b)**   **c)**   **d)**

2.

Rotation de $\frac{1}{4}$ de tour à droite   **a)**   **b)**   **c)**   **d)**

3.

Rotation de $\frac{1}{2}$ tour à gauche   **a)**   **b)**   **c)**   **d)**

4.

Symétrie   **a)**   **b)**   **c)**   **d)**

179

COUP DE POUCE

Pour chacun des problèmes suivants, un dessin de départ et un mouvement sont d'abord indiqués. Parmi les quatre réponses fournies, laquelle correspond à la position finale obtenue à la suite de ce déplacement?

1.

Rotation de $\frac{1}{4}$ de tour à gauche   **a)**   **b)**   **c)**   **d)**

2.

Symétrie   **a)**   **b)**   **c)**   **d)**

3.

 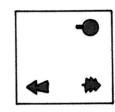 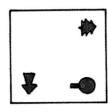 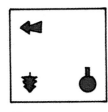 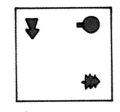

Rotation   **a)**   **b)**   **c)**   **d)**

4.

Symétrie   **a)**   **b)**   **c)**   **d)**

C O U P D E P O U C E ✶✶✶✶✶✶

1. Dessine chacun des trajets que doit parcourir la souris Vik. Attention à la position de départ!

a) avance 40 mm
gauche $\frac{1}{2}$ tour
avance 20 mm
droite $\frac{1}{4}$ de tour
avance 20 mm
recule 40 mm

b) avance 6 cm
gauche $\frac{1}{4}$ de tour
avance 3 cm
droite $\frac{3}{4}$ de tour
avance 9 mm

c) gauche $\frac{3}{4}$ de tour
droite $\frac{1}{2}$ tour
avance 6 cm
droite $\frac{1}{4}$ de tour
avance 20 mm
recule 2 cm
gauche $\frac{1}{2}$ tour
avance 2 cm

Pour les as

d) droite $\frac{1}{8}$ de tour
avance 5 cm
gauche $\frac{1}{8}$ de tour
gauche $\frac{1}{4}$ de tour
avance 3 cm
gauche $\frac{1}{4}$ de tour
avance 40 mm

2. Quel motif est souvent répété dans ces dessins? Dessine-le.

a)

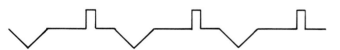

b)

c)

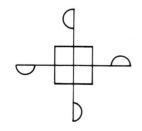

d)

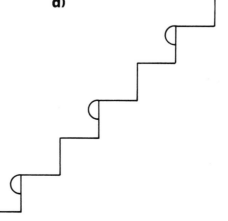

COUP DE POUCE

1. Dans ces frises, il y a un motif qui se répète plusieurs fois. Peux-tu le dessiner?

a)

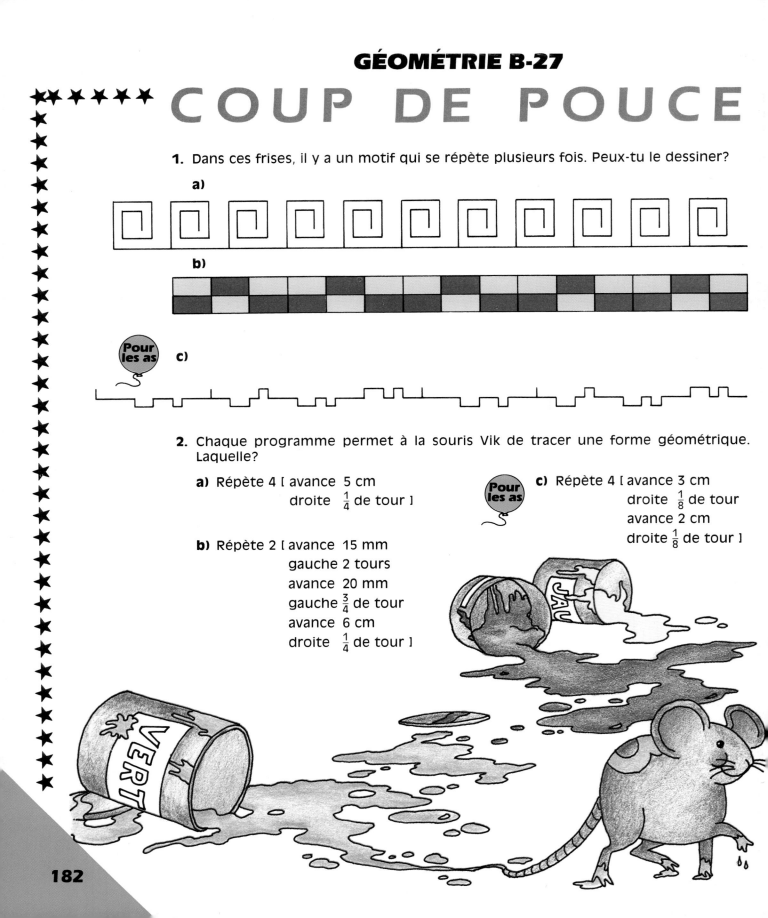

b)

c)

2. Chaque programme permet à la souris Vik de tracer une forme géométrique. Laquelle?

a) Répète 4 [avance 5 cm
    droite $\frac{1}{4}$ de tour]

b) Répète 2 [avance 15 mm
    gauche 2 tours
    avance 20 mm
    gauche $\frac{3}{4}$ de tour
    avance 6 cm
    droite $\frac{1}{4}$ de tour]

Pour les as

c) Répète 4 [avance 3 cm
    droite $\frac{1}{8}$ de tour
    avance 2 cm
    droite $\frac{1}{8}$ de tour]

182

GÉOMÉTRIE B-28

Pour chacun des problèmes suivants, un dessin de départ et deux mouvements sont d'abord indiqués. Parmi les quatre réponses suggérées, laquelle correspond à la position finale obtenue à la suite de ces déplacements?

1.

 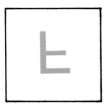   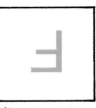

Symétrie à droite et symétrie en haut a) b) c) d)

2.

Rotation de $\frac{1}{4}$ de tour à gauche et rotation de $\frac{1}{2}$ tour à droite a) b) c) d)

3.

  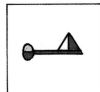 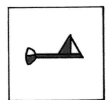

Rotation de $\frac{1}{4}$ de tour à droite et symétrie a) b) c) d)

4.

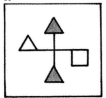 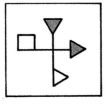 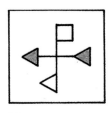 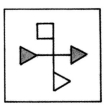 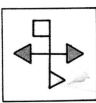

Rotation et symétrie a) b) c) d)

Parmi chaque ensemble de cinq dessins, il y en a seulement deux qui pourraient se superposer après une rotation. Lesquels?

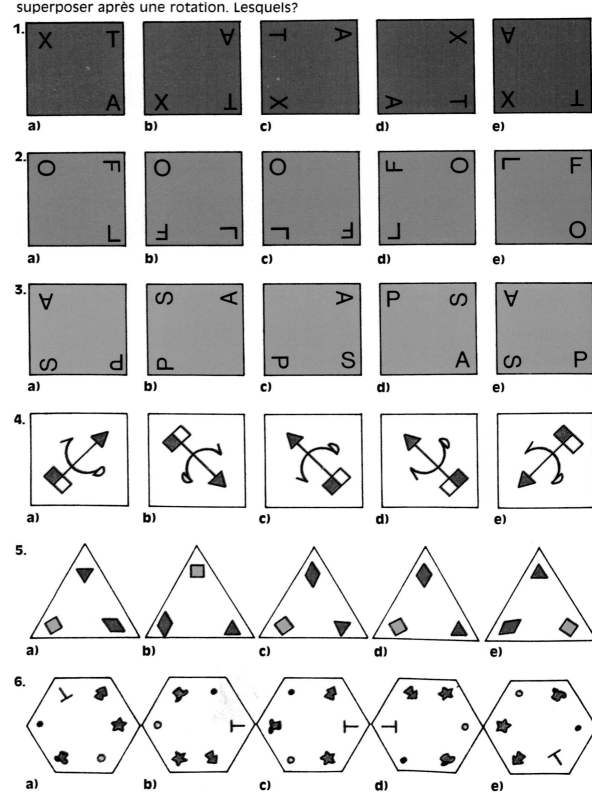

GÉOMÉTRIE B-30

1. Pour chacun des programmes, trace le chemin suivi par la souris Vik.

a) Répète 3 [avance 4 cm
      droite $\frac{1}{4}$ de tour
      avance 2 cm
      gauche $\frac{3}{4}$ de tour
      avance 2 cm
      droite $\frac{5}{4}$ de tour]

b) Répète 4 [avance 1 cm
      gauche $\frac{1}{4}$ de tour
      avance 1 cm
      gauche $\frac{1}{4}$ de tour
      avance 1 cm
      gauche $\frac{1}{4}$ de tour
      avance 1 cm]

c) Répète 4 [avance 1 cm
      gauche $\frac{1}{4}$ de tour
      avance 1 cm
      droite $\frac{3}{4}$ de tour
      avance 1 cm
      gauche 1$\frac{1}{2}$ tour
      avance 2 cm
      droite $\frac{5}{4}$ de tour
      avance 1 cm
      gauche $\frac{7}{4}$ de tour
      avance 1 cm
      droite   3$\frac{1}{2}$ tours]

avance 2 cm
gauche $\frac{1}{2}$ tour
avance 1 cm
droite $\frac{1}{4}$ de tour
avance 1 cm
droite $\frac{1}{4}$ de tour
avance 1 cm

2. Pour chacun de ces trajets, trouve d'abord le motif qui se répète. Le premier est donné à titre d'exemple. Écris ensuite le programme le plus simple en utilisant la commande RÉPÈTE.

a)

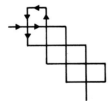

b)

c)

d)

Aux premiers temps de la navigation en mer, les anciens croyaient que la Terre était plate et que d'immenses colonnes la soutenaient. Les navigateurs évitaient donc le plus possible de s'éloigner des côtes qui les aidaient à se repérer.

Pourtant, des navigateurs plus audacieux s'aventurèrent de plus en plus loin, en haute mer. Il leur fallut alors se diriger à l'aide des astres.

Nous savons aujourd'hui que la Terre est ronde comme une citrouille et qu'aucune colonne ne la soutient.

1. Imagine que la tortue illustrée nage dans l'océan. Quand elle regarde au loin, peut-elle voir les deux arbres qui sont sur la côte devant elle? Pourquoi?

2. Au bord de la mer, lorsque tu regardes avec des jumelles un grand navire qui s'éloigne, tu vois d'abord disparaître la coque, puis les cheminées et enfin le pavillon.

Peux-tu dire pourquoi il en est ainsi?

GÉOMÉTRIE C-32

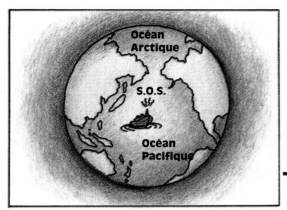

Voici un grand cargo dont les moteurs viennent de tomber en panne. Écoutons le message de détresse lancé par son capitaine...

Heureusement, tous les capitaines de navire savent aujourd'hui comment signaler leur position en mer en tout temps et de façon très précise.

Sais-tu comment ils y parviennent?

Examine bien le globe terrestre ou la mappemonde avec quelques camarades pour découvrir ce système.

Voilà un capitaine bien peu expérimenté.

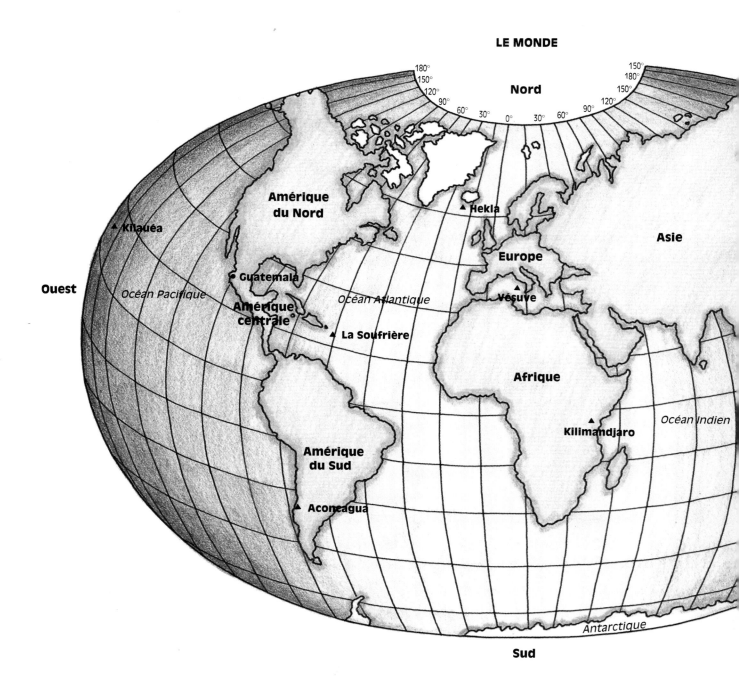

LE MONDE

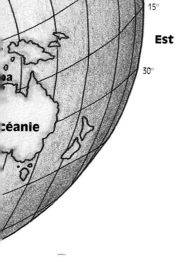

1. Écris le nom des volcans qui se trouvent à environ:

a) 16°N. 62°O.

b) 64°N. 20°O.

c) 7°S. 110°E.

d) 45°N. 145°E.

2. Quelles sont les positions des volcans suivants:

a) le Vésuve?

b) l'Aconcagua?

c) le Kilimandjaro?

d) le Guatemala?

3. Quel océan est dans l'hémisphère sud?

4. Dans quel hémisphère se trouve l'Europe? Nord ou sud?

5. La Terre compte 6 continents. Lesquels?

6. Sur quel continent trouve-t-on

a) le désert du Sahara (25°N. 14°O.)?

b) les pyramides d'Égypte (30°N. 30°E.)?

c) l'Australie (30°S. 140°E.)?

d) le Vatican (43°N. 10°E.)?

e) l'Alaska (65°N. 150°O.)?

f) l'Inde (20°N. 75°E.)?

g) le fleuve Amazone (3°S. 60°O.)?

GÉOMÉTRIE C-35

1. a) Sur quelle case se trouve le pion?

b) Sur quelle case se trouve la tour?

c) Sur quelle case se trouve le cavalier?

d) Sur quelle case se trouve la reine?

e) Sur quelle case se trouve le fou?

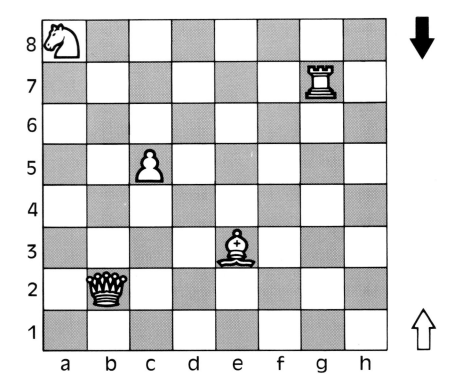

2. a) Quelle pièce se trouve dans la case f1?

b) Quelle pièce se trouve dans la case b5?

c) Il y a un pion dans la case g3. Où est l'autre pion?

d) L'un des cavaliers peut se rendre à la case e3. Lequel?

e) Quelle pièce se trouve dans la case e6?

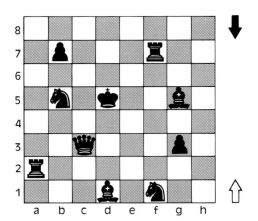

x

f) Sur cet échiquier, il y a des cases qui sont menacées à la fois par la reine, une tour et un fou. Lesquelles?

y

190

GÉOMÉTRIE C-36

Le ciel de l'hémisphère nord

Quelques grandes constellations

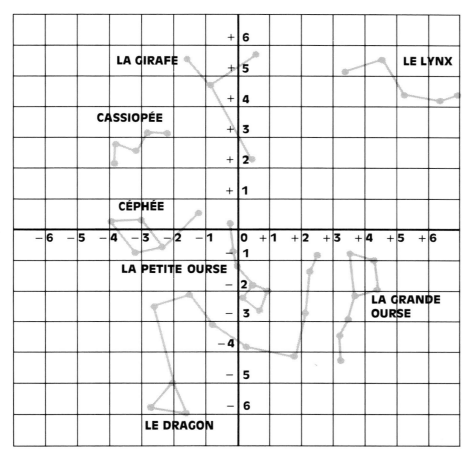

Voir *Guide d'enseignement et d'activités,* problème 29.

Place un jeton aux endroits décrits avant de répondre.

1. Dans quelle constellation se trouve l'étoile située à $(-2, -5)$?

2. Une comète traverse le ciel. Elle est photographiée au moment où elle passe au point $(0, 3\frac{1}{2})$. Quelle constellation l'entoure?

3. Polaris, appelée aussi étoile Polaire, est située environ à $(-\frac{1}{4}, +\frac{1}{4})$. À quelle constellation appartient-elle?

4. De toutes les étoiles dessinées sur cette carte, quelles sont les coordonnées de celle qui est la plus éloignée de l'étoile Polaire?

5. Dans quelle constellation trouve-t-on l'étoile double Mizar et Alcor? Ses coordonnées sont $(+3, -3\frac{1}{2})$ approximativement.

6. À quelle constellation appartient l'étoile Schedir, qui est située tout près du point $(-4, +3)$?

GÉOMÉTRIE C-37

1. Quelles sont les coordonnées des quatre célèbres comètes dessinées sur cette carte du ciel?

    a) Halley: ●   **b)** Encke: ◆   **c)** Ikeya-Seki: ■   **d)** Kohoutek:

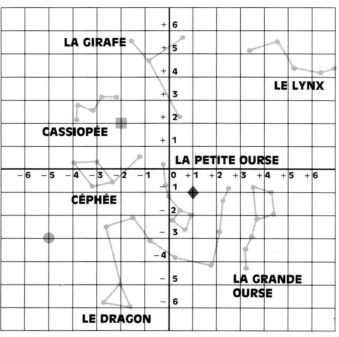

2. Sur la carte ci-dessous, on a déjà tracé le Soleil, astre central du système solaire. Voici la liste des cinq planètes de notre système qui sont le plus rapprochées du Soleil. Cette fiche est reproduite à la fiche complémentaire Géométrie I (voir *Guide d'enseignement et d'activités*). Tu pourras y tracer chacune de ces planètes. D'autres problèmes te sont également proposés sur cette fiche.

    a) Vénus à $(+1, -1)$

    b) Jupiter à $(+4, +7)$

    c) Mercure à $(+1, 0)$

    d) Terre à $(0, 2)$

    e) Mars à $(-2\frac{1}{2}, +1\frac{1}{2})$

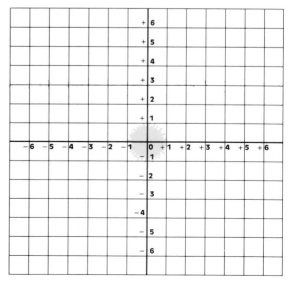

3. Écris les noms de ces planètes en ordre, de la plus rapprochée du Soleil à la plus éloignée.

GÉOMÉTRIE C-38

1. Sur la grille radar, un astronef parcourt un trajet en ligne droite. Voici quelques points qui en font partie: (5,6), (8,3), (9,2), (1,10), et (0,11).

Peux-tu découvrir d'autres points de la trajectoire en complétant ces coordonnées? Utilise des jetons et le carton Géométrie 2.

a) (#,4)   **c)** (#, 0)   **Pour les as**   **d)** ($2\frac{1}{5}$,#)   **e)** (#,$6\frac{2}{3}$)

b) (2,#)   **f)** (#,#) (différent des autres avec deux nombres fractionnaires)

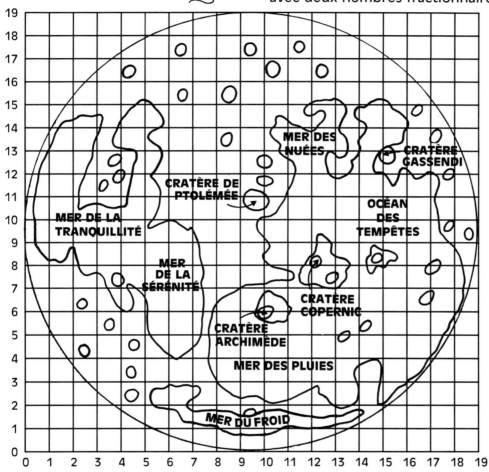

2. Observe les couples de coordonnées. Pour chaque cas, ils font partie d'une trajectoire. Ajoute un autre couple qui en fait également partie.

a) (8,2), (6,4), (2,8), (#,#)   **b)** (2,16), (2,8), (2,5), (#,#)

c) (5,1), (14,10), (7,3), (#,#)   **d)** (3,9), (0,6), (10,16), (#,#)

e) (7,5), (11,1), (4,8), (#,#)   **f)** (4,0), (8,0), (1,0), (#,#)

g) (0,0), (8,8), (5,5), (#,#)   **h)** (6,4), (11,9), (2,0), (#,#)

Pour les as

i) (5,10), (1,2), (12,24), (#,#)   **j)** (3,1), (9,3), (6,2), (#,#)

1. Pour chacune des trajectoires données, trouve trois couples de coordonnées qui en font partie. Aide-toi de la carte lunaire (carton Géométrie 2).

a) x + y = 12   **b)**   x − y = 3

c) y − x = 0   **d)**   2x = y

e) x + 2y = 20   **f)**   y = x + 1

g) y − 1 = x   **h)**   y = 0

 Pour les as

i) x + y = x

j) x + y = 5 − x

2. À la fiche complémentaire Géométrie II (voir *Guide d'enseignement et d'activités*), tu trouveras une copie de la carte suivante pour tracer ton chemin.

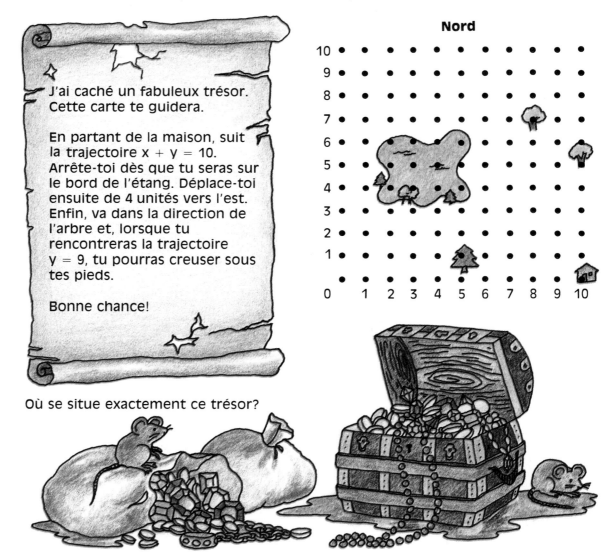

Nord

J'ai caché un fabuleux trésor. Cette carte te guidera.

En partant de la maison, suit la trajectoire x + y = 10. Arrête-toi dès que tu seras sur le bord de l'étang. Déplace-toi ensuite de 4 unités vers l'est. Enfin, va dans la direction de l'arbre et, lorsque tu rencontreras la trajectoire y = 9, tu pourras creuser sous tes pieds.

Bonne chance!

Où se situe exactement ce trésor?

GÉOMÉTRIE C-40

Un écran radar surveille une partie de l'océan. Pour chaque cas, résous le problème posé. Pour dessiner les trajectoires demandées, utilise la fiche complémentaire Géométrie III (voir *Guide d'enseignement et d'activités*) où tu trouveras une copie de ces cartes.

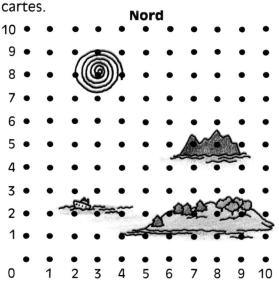

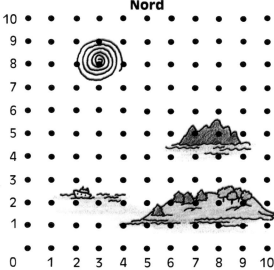

1. «Ici la garde côtière. Notre bateau arrive du nord-ouest et nous suivons la trajectoire $x + y = 12$. Sommes-nous menacés de rencontrer l'ouragan (Ⓖ)?» Justifie ta réponse en traçant la trajectoire prévue.

2. «Ici l'hélicoptère G, ma trajectoire est $x - y = 3$.» Cet hélicoptère va-t-il pouvoir survoler l'épave et secourir ses passagers? Justifie ta réponse en traçant la trajectoire de l'hélicoptère.

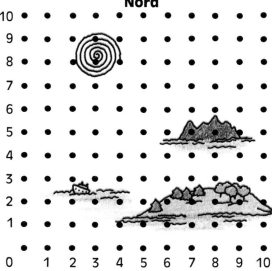

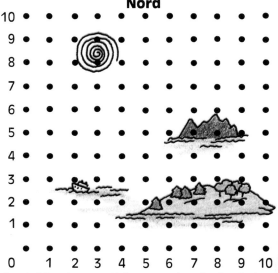

3. «Ici le paquebot Panama. Nous suivons la trajectoire $y = 4$. Y a-t-il des obstacles sur notre route?» Justifie ta réponse en traçant la trajectoire du paquebot.

4. «Ici l'avion-météo Z. Notre trajectoire est $2x - y = 0$. Nous voulons survoler l'ouragan. Sommes-nous dans la bonne direction?» Justifie ta réponse en dessinant la trajectoire prévue.

GÉOMÉTRIE C-41

Tu pilotes un avion. Voici différentes cartes indiquant des plans de vol. Pour chacune, trouve quatre couples de coordonnées qui sont situés sur la trajectoire. Tu seras vraiment l'as des as si tu découvres l'équation qui traduit chaque trajet.

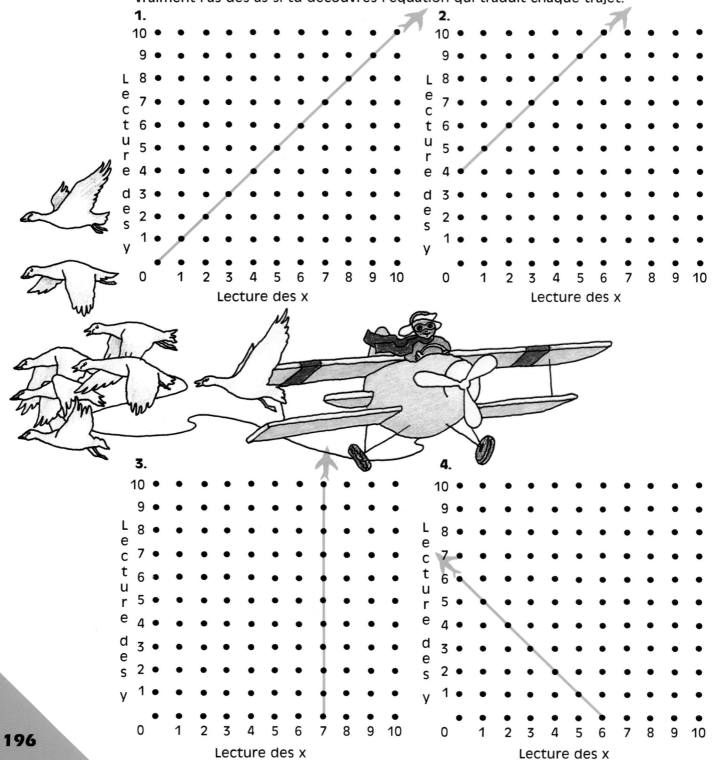

1.

Lecture des y

Lecture des x

2.

Lecture des y

Lecture des x

3.

Lecture des y

Lecture des x

4.

Lecture des y

Lecture des x

GÉOMÉTRIE C-42

1. Tu trouveras les grilles pour dessiner tes solutions à la fiche complémentaire Géométrie IV (voir *Guide d'enseignement et d'activités*).

Y a-t-il risque de collision? Si oui, en quel point?

2. Voici d'autres couples de trajectoires. Examine s'il y a risque de collision. Si oui, écris en quel point. Les deux trajectoires sont-elles parallèles? Perpendiculaires?

a) $x + y = 9$ et $x - y = 4$

b) $y - x = 3$ et $x - y = 3$

c) $x + y + y = 10$ et $x + y = 8$

197

GÉOMÉTRIE C-43

1. Pour résoudre ces deux problèmes, utilise les grilles de la fiche complémentaire Géométrie V (voir *Guide d'enseignement et d'activités*). Tu trouveras d'autres problèmes à la fiche complémentaire Géométrie VI.

a) Un bateau part du point (5,0). Il suit le trajet $x + y = 5$ jusqu'à ce qu'il rejoigne la trajectoire $y = 4$ qu'il suit jusqu'au point (10,4). Un autre bateau part de (0,0) et suit le trajet $y - x = 0$ jusqu'à ce qu'il rejoigne la trajectoire $x = 8$ qu'il suit jusqu'à (8,0). Y a-t-il risque de collision? Justifie ta réponse à l'aide de la grille.

b) Un pétrolier part du point (0,7). Il suit la trajectoire $x + y = 7$ jusqu'à ce qu'il rencontre le trajet $y = 3$ qu'il suit jusqu'à (10,3). Un cargo part du point (2,10) et il file parallèlement au premier trajet du pétrolier, dans le même sens. Au point (5,7), il bifurque à droite perpendiculairement à sa route. Où ces trajets se croisent-ils?

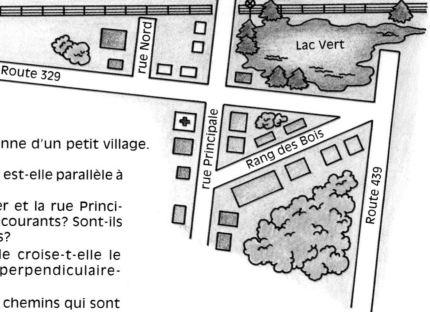

2. Voici une vue aérienne d'un petit village.

a) La rue Principale est-elle parallèle à la Route 439?

b) Le chemin de fer et la rue Principale sont-ils concourants? Sont-ils perpendiculaires?

c) La rue Principale croise-t-elle le rang des Bois perpendiculairement?

d) Nomme tous les chemins qui sont perpendiculaires entre eux.

e) Écris au moins trois nouvelles observations du même genre que celles que tu viens de faire.

COUP DE POUCE ✶✶✶✶✶✶✶

Voici le plan des rues et des avenues de Ville des Neiges.

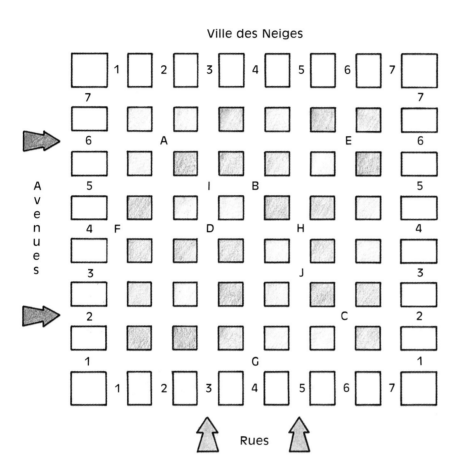

Ville des Neiges

Avenues

Rues

1. Quelle lettre se trouve à l'intersection de la 5ᵉ Rue et de la 4ᵉ Avenue?

2. Est-ce la même lettre qu'à l'intersection de la 4ᵉ Rue et de la 5ᵉ Avenue?

3. Trouve les coordonnées des lettres D et E en notant à quelle intersection elles ont été placées.

4. Quelle lettre a été placée à l'intersection:

a) 2ᵉ Rue et 6ᵉ Avenue?

c) 6ᵉ Rue et 2ᵉ Avenue?

b) 4ᵉ Rue et 1ʳᵉ Avenue?

d) 1ʳᵉ Rue et 4ᵉ Avenue?

5. Si on demande quelle lettre est au coin de la 5ᵉ et de la 3ᵉ, il est impossible de savoir s'il s'agit du I ou du J. La question n'est pas précise. Dans un système de coordonnées cartésiennes comme celui-ci, on convient habituellement de donner en premier le nombre de la colonne (Rue), puis celui de l'étage (Avenue). Cela évite beaucoup de mots. Quelle lettre est à (4,5)?

COUP DE POUCE

Le combat naval

Voici un jeu qui te permettra de devenir un as du repérage cartésien.

Utilise du papier quadrillé et trace d'abord deux grilles identiques à celle dessinée ci-contre. Ton adversaire dessine également deux grilles semblables.

Chacun dessine alors ses quatre bateaux dans l'une des grilles. Les bateaux ne doivent pas se toucher et doivent respecter exactement les modèles illustrés.

À tour de rôle, dites les coordonnées d'une case. Par exemple, (2,6) qui est la case marquée d'un X dans la grille. Le premier nombre est un *numéro de colonne*. Le second désigne l'*étage*.

L'adversaire doit alors répondre:

• «Dans l'eau» s'il n'y a aucun bateau à cet endroit;
• «Touché» si une partie d'un bateau se trouve dans cette case;
• «Coulé» si toutes les parties du bateau ont été atteintes.

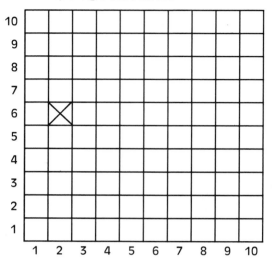

Sous-marin   Cargo   Porte-avion   Cuirassé

Deux conseils

1. Sur la grille où tu dessines tes bateaux, note tous les coups tirés par ton adversaire en traçant des x.

2. Sur l'autre grille, note tous les coups que tu tires en traçant des x s'il n'y a rien et des 0 si un bateau est touché.

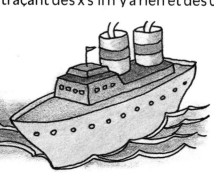

GÉOMÉTRIE C-46

COUP DE POUCE

Dans chacune de ces grilles, on a indiqué certaines positions d'un satellite qui se déplace en ligne droite. Pour chaque satellite, trouve au moins quatre autres positions sur sa trajectoire en notant les coordonnées. Utilise au besoin les grilles de la fiche complémentaire Géométrie VIII (voir *Guide d'enseignement et d'activités*).

1.

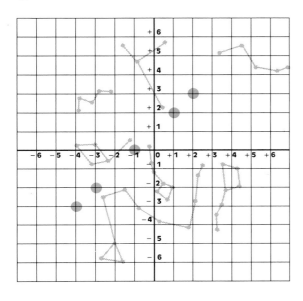

2.

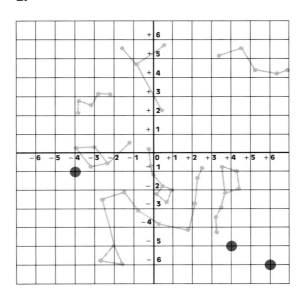

3.

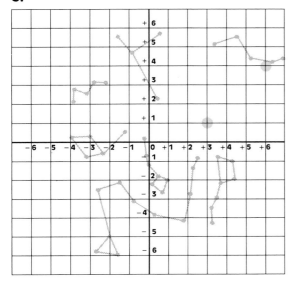

Pour les as

4.

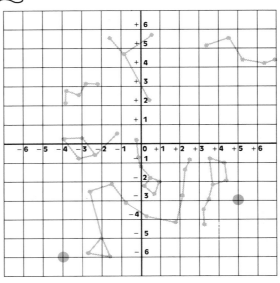

COUP DE POUCE

Sur chacune de ces grilles, on a indiqué certaines positions de deux navires qui se déplacent en ligne droite. Pour chaque carte, découvre en quel endroit il y a danger de collision. Note les coordonnées. Utilise au besoin les grilles de la fiche complémentaire Géométrie IX (voir *Guide d'enseignement et d'activités*).

1.

2.

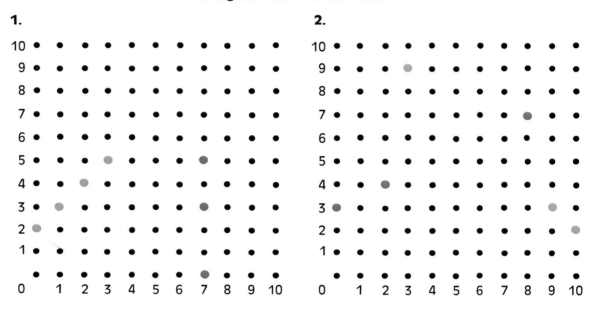

3.

Pour les as

4. Il y a 3 navires ici!

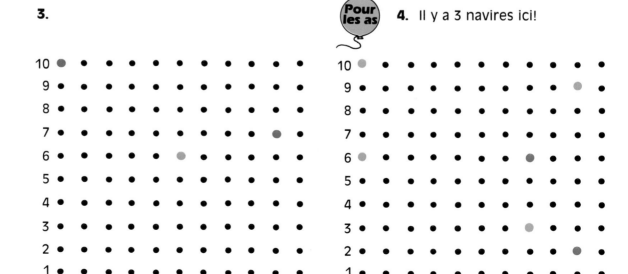

GÉOMÉTRIE C-48

Tu connais les aventures de Tintin?

Dans l'une d'elles, *le Secret de la Licorne*, Tintin et son ami, le capitaine Haddock, trouvent trois parchemins. En les superposant, ils y découvrent un mystérieux message ainsi que des coordonnées indiquant, pensent-ils, l'emplacement du fabuleux trésor du pirate Rackham Le Rouge. Dans *le Trésor de Rackham Le Rouge*, Tintin et ses amis partent à la recherche de ce trésor.

Peux-tu découvrir, en consultant ces deux volumes:

1. Quelles sont les coordonnées du trésor telles qu'indiquées sur les parchemins?

2. Pourquoi nos héros ne découvriront-ils rien à l'emplacement indiqué?

3. Quelles sont les coordonnées exactes de cet endroit sur une carte moderne?

4. Près de quel pays se trouve cet endroit et dans quel océan?

L'écart entre deux parallèles distants d'un degré sur la Terre correspond à plus d'une centaine de kilomètres, par exemple, entre le 20e et le 21e parallèle nord. Pour plus de précision, il faut ajouter des *fractions de degrés*. Ceci peut se faire de la façon suivante: 50° 12′ 18″ N., ce qui signifie: $(50 + \frac{12}{60} + \frac{18}{3600})$°N. Il y a 60 minutes dans un degré et 60 secondes dans une minute. Les minutes et les secondes sont donc aussi des unités pour mesurer des angles.

GÉOMÉTRIE C-49

Utilise ta carte lunaire (carton Géométrie 2) pour résoudre ces problèmes.

1. Une équipe de cosmonautes se pose sur la Lune au point (5,6). Karina se dirige ensuite vers la mer du Froid à bord du véhicule lunaire en suivant l'itinéraire prévu, soit $2x + y = 16$ jusqu'à ce qu'elle croise l'itinéraire $x - y = 5$ qu'elle suit vers l'océan des Tempêtes. Son véhicule tombe en panne au moment où elle croise l'itinéraire $y = 11$ qu'elle emprunte à pied vers la mer de Tranquillité pendant une unité de longueur sur la carte. Où faut-il dépêcher l'équipe de secours? Donne les coordonnées exactes.

2. Un groupe d'archéologues a établi une zone de fouilles sur la Lune ayant la forme d'un immense triangle rectangle isocèle. Deux des pointes de ce territoire sont situées à (14,9) et à (6,13). L'autre sommet se trouve dans la mer des Nuées. Peux-tu découvrir les coordonnées du troisième sommet?

3. Le satellite Alouette traverse l'écran radar en suivant la trajectoire $x - 2y = 9$. Le satellite Zébra suit la trajectoire $2y - x = 15$. Ces deux satellites ont été heurtés de plein fouet par une météorite suivant la trajectoire $4y + x = 12$ sans même bifurquer. Trouve les coordonnées des points d'impact.

Méli-Mélo

MÉLI-MÉLO 1

Dans l'unité Méli-Mélo, tu rencontreras des problèmes un peu particuliers. Tu pourras faire preuve de toute l'imagination dont tu es capable.

Il te faudra bien expliquer ta démarche à tes camarades et bien écouter la leur. Certains problèmes ont plusieurs solutions. D'autres peuvent être envisagés et résolus de différentes manières. Quand tu as résolu un problème, demande-toi toujours s'il n'existe pas une autre stratégie possible ou d'autres solutions.

L'important n'est pas de résoudre tous les problèmes, mais bien de toujours réfléchir devant un problème.

Certains problèmes te demanderont un peu de recherche ou du travail à la maison. Ce sera pour toi l'occasion de montrer ta ténacité et ta débrouillardise. Le premier problème de l'unité en est un bon exemple.

Amuse-toi bien!

1. Dupond ou Dupont?

 **J'observe... Je cherche... Je trouve.**

Dans les aventures de Tintin, on retrouve souvent Dupond et Dupont, les deux policiers maladroits. Un jour qu'il regardait une photo d'eux, le capitaine Haddock s'écria:
— Tonnerre de Brest! Je ne sais jamais lequel est Dupond et lequel est Dupont.
— Facile capitaine, répondit Tintin. Moi, je peux toujours les distinguer.

Comment Tintin s'y prend-il?

MÉLI-MÉLO 2

2. Message secret

Tu aimes jouer les agents secrets? Voici un code qui te permettra de transmettre tes messages. Le code morse (du nom de son inventeur) se compose uniquement de points et de traits. Chaque lettre se traduit par une chaîne d'impulsions (sonores, lumineuses ou graphiques), c'est-à-dire des brèves et des allongées.

ALPHABET MORSE

a	·—	n	—·
b	—···	o	———
c	—·—·	p	·——·
d	—··	q	——·—
e	·	r	·—·
f	··—·	s	···
g	——·	t	—
h	····	u	··—
i	··	v	···—
j	·———	w	·——
k	—·—	x	—··—
l	·—··	y	—·——
m	——	z	——··
		ch	————

a) Si tu traces à la main, voici comment noter «message caché»:

Décode ces mots:

1. 2.

b) Peux-tu coder ces mots?

1. Espion
2. Fusée
3. Planète
4. Biche

c) Le code morse utilise donc 27 combinaisons différentes contenant de un à quatre signes chacune. Peux-tu découvrir les combinaisons de quatre signes ou moins qui n'ont pas été utilisées par Samuel Morse dans son code?

d) Voici un message qui t'intéressera sûrement.

Amuse-toi bien!

3. Quel zoo!

L'autre jour, au zoo, Juan a visité l'enclos des flamants roses. Malheureusement, il était fermé mais, sous la porte, Juan a pu voir onze pattes d'oiseaux. Combien y avait-il de flamants dans cet enclos?

Exprime ta solution avec une ou des phrases mathématiques.

4. Grille logique 1

Place les seize lettres de l'alphabet dans les cases en respectant les consignes.

A ne touche pas à P.
B est immédiatement sous P.
C touche à L.
D est en bas.
E touche à N.
F est à gauche de D, son voisin.
G est la seule lettre au-dessus de E.
H est en bas.
I forme un carré avec les 3 autres voyelles.
J est en haut.
K est entre L et F.
L est immédiatement à droite de A.
M est dans un coin sous O, son voisin.
N est immédiatement à gauche de J.
O est à l'extrême gauche.
P est dans un coin.

Observe la grille ci-dessous et rappelle-toi que:

1. U *touche* à huit lettres dans cette grille.

2. R, T, V et X sont les seuls *voisins* de U.

3. R est *entre* S et Q;
R est *entre* N et V;
R est *entre* X et O.

4. S, V et Y sont sous P.

N	O	P
Q	R	S
T	U	V
W	X	Y

MÉLI-MÉLO 4

5. Gare à vous!

Dans un parc de stationnement, 32 automobiles sont placées en rangées et en colonnes de manière à former un rectangle. Une clôture traverse le parc et partage ce grand rectangle en deux rectangles plus petits comptant chacun 20 et 12 automobiles.

a) Dessine ce qui se passe dans le parc de stationnement.

b) Écris une phrase mathématique qui montre comment, à l'aide des deux petits rectangles, on réussit à construire le rectangle plus grand.

6. Menue monnaie

a) À l'aide de ces pièces de monnaie, il est possible d'obtenir une somme de 55¢ en utilisant exactement 9 pièces. Trouve toutes les possibilités et représente-les par des phrases mathématiques.

Fais de même pour

b) 38¢ avec 5 pièces.

c) 42¢ avec 4 pièces.

d) 77¢ avec 8 pièces.

e) De combien de façons différentes peux-tu obtenir une somme de 25¢? Écris chaque fois le nombre de pièces requises et une phrase mathématique.

MÉLI-MÉLO 5

7. Casse-tête

J'observe... Je cherche... Je trouve.

Observe bien ces six coupes. Les trois premières sont pleines et les autres sont vides. Il faut obtenir une alternance mais en ne déplaçant qu'une seule coupe.

8. Constructions 1

a) Observe bien le cube dessiné à droite. Il peut être construit avec des petits cubes de bois identiques. Combien en faudrait-il? Place-toi avec un ou une camarade et construis-le pour vérifier.

b) On plonge ce cube dans la peinture rouge. Si on décollait chaque petit cube par la suite, combien de carrés rouges pourrais-tu ainsi dénombrer?

c) Y aurait-il des petits cubes dont aucune face ne serait rouge?

d) Observe l'autre construction illustrée. Quel est son volume? Quelle est l'aire du dessus de cette construction? Quel est le périmètre de la base? Vérifie cela maintenant avec tes cubes.

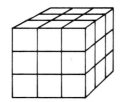

①

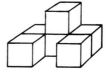

②

9. Banque de problèmes

Compose un petit problème d'observation, une intrigue ou tout autre problème que tu soumettras ensuite à tes camarades. Sois habile et oblige-les à réfléchir.

MÉLI-MÉLO 6

10. Consommation 1

Tu dois acheter des essuie-tout en papier cette semaine à l'épicerie. Quel dépliant de ta région offre la meilleure aubaine?

11. Qui a un cheval?

Voici des personnes qui ont chacune une nationalité, un métier, un animal et une boisson préférée différents l'un de l'autre. Ils demeurent côte à côte dans la même rue. Qui a un cheval?

Pour résoudre ce problème, essaie d'abord seul(e) de découvrir quelques éléments nouveaux. Place-toi ensuite avec quelques camarades pour en discuter avec tout le groupe. Reproduis la grille dessinée plus bas. Notes-y les données manquantes et tes déductions.

a) Le juge ne boit pas d'eau.

b) Le plombier est l'ami de l'Anglais.

c) L'Anglais préfère le thé.

d) Le Français habite la deuxième maison à gauche.

e) Le voisin de droite du Chinois préfère le jus.

f) Le seul voisin du médecin est Russe.

g) Le propriétaire du chat ne boit que du lait.

h) Le juge joue aux échecs avec le propriétaire du serin.

i) Le menuisier préfère le lait.

j) Le Russe préfère boire de l'eau. Il prend bien soin de son lapin.

	?	?	?	?	?	?	?	?	?	?	?	?
Russe												
Anglais												
Français												
Chinois												

MÉLI-MÉLO 7

12. Horloge romantique

J'observe... Je cherche... Je trouve.

Malgré les apparences, cette horloge n'est pas «normale». Pourquoi?

13. Avancez en arrière!

Un autobus scolaire transporte un groupe d'élèves aux écoles du quartier. Au premier arrêt, trois enfants descendent et six autres montent à bord. Au deuxième arrêt, Charlène et ses trois frères descendent. Les treize enfants qui restent dans l'autobus descendent au troisième et dernier arrêt. Combien y avait-il d'élèves à bord de l'autobus avant le premier arrêt?

14. Grille secrète 1

Observe bien cette grille. On l'a construite en suivant une recette secrète. Peux-tu découvrir cette recette et compléter la grille?

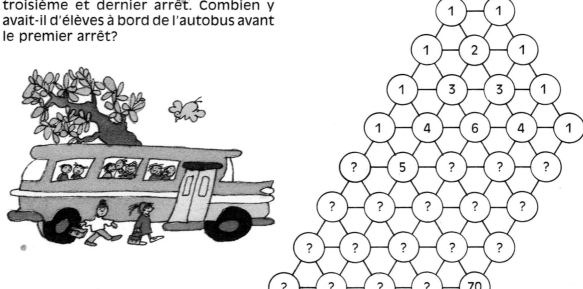

MÉLI-MÉLO 8

15. Consommation 2

À la pharmacie, tu désires te procurer 1 litre de shampooing. Quel achat te semble le plus économique? Pourquoi?

250 mL
2,20 $

1 L
11,25 $

500 mL
6,40 $

16. Midi à 14 heures

À 8 heures, il y avait 30 enfants de la maternelle à l'école. À 12 heures, il y en avait 40. À 16 heures, il y en avait 50. Combien y en avait-il à 20 heures?

17. Faux air

J'observe... Je cherche... Je trouve.

L'une de ces deux pièces de monnaie est fausse. Laquelle et pourquoi?

MÉLI-MÉLO 9

18. Du balai!
Rebecca la sorcière est furieuse.

(Rebecca) — Quelqu'un a volé mon balai. Je suis certaine que c'est l'un de mes lutins qui a fait le coup. Lutins, venez ici!

Aussitôt accourent Flip, Flap et Flop, les trois lutins espiègles. Rebecca les interroge.

(Flip) — C'est Flop qui a volé ton balai.
(Flap) — Ce n'est pas moi, belle Rebecca, qui ai pris ton balai.
(Flop) — C'est moi le voleur.

Mais Rebecca connaît bien ses lutins. Il y en a toujours au moins un qui dit la vérité et au moins un qui ment lorsqu'ils s'adressent à elle en même temps. Pourtant, elle sait maintenant qui a volé son balai. Qui est-ce et comment a-t-elle pu le découvrir?

19. Architecte en herbe 1
Voici des données qui te permettront de fabriquer une construction. Utilise des cubes mesurant 1 cm³ chacun.

Il faut que ta construction soit différente de celles de tes deux plus proches camarades.

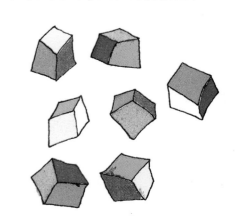

a) Volume: 5 cm³
   Périmètre de la base: 10 cm
   Aire totale: 22 cm²

b) Volume: 6 cm³
   Aire du dessus: 4 cm²
   Aire de l'une des faces: 5 cm²

MÉLI-MÉLO 10

20. L'âge de Pierre

Cette année, l'âge de Pierre est un multiple de 5. L'année dernière, son âge était un multiple de 3. L'année prochaine, ce sera un multiple de 4. En quelle année Pierre est-il né?

21. Consommation 3

L'automobile de M. Dumont parcourt 100 kilomètres avec 12 litres d'essence. Avec la sienne, Mme Deschamps parcourt 180 kilomètres avec 18 litres d'essence. Quelle voiture est la plus économique dans sa consommation de carburant? Justifie ta réponse.

22. D'un seul trait

J'observe... Je cherche... Je trouve.

Parmi les réseaux suivants, il y en a qui sont impossibles à tracer d'un seul trait, sans jamais lever le crayon ni repasser deux fois sur une même branche. Lesquels?

a)

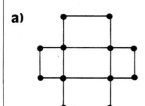

b)

c)

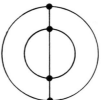

d)

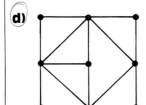

e)

f)

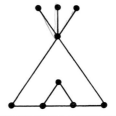

23. Rectangles

Chacune de ces expressions mathématiques sert à désigner un rectangle: 4 × 2, 3 × 2, 2 × 6 et 7 × 4. En plaçant ces quatre rectangles côte à côte, d'une certaine manière, tu pourras obtenir un grand rectangle. Lequel? Écris une phrase mathématique qui représente bien ce casse-tête.

24. Casse-noisette

Pour dessert, la famille Dubuc a mangé 36 noisettes. Mariève en a mangé quatre de moins que Julie. Papa et maman en ont mangé cinq chacun. Julie en a mangé deux de plus qu'Emmanuelle, et Nadia a mangé les autres.

Combien de noisettes a reçu chacune de ces personnes si les jumelles en ont mangé le même nombre chacune?

25. Suivez le guide!

Pauline et trois de ses amis cultivent chacun une espèce différente de fleurs. De plus, ils habitent des maisons de types différents, dans des rues différentes et à des numéros différents. Peux-tu t'y retrouver à l'aide de quelques indices?

— Le bungalow est situé au 875, rue Phaneuf.
— Martin habite rue David.
— Il n'y a pas de lilas près du chalet.
— Au numéro 702, on cultive le muguet.
— Micheline habite au numéro 324.
— Personne ne cultive de roses dans les rues David et Goliath.
— C'est sur la terrasse de son appartement que Luc cultive les tulipes.

Qui habite au 430, rue Champlain et où est située la roulotte?

MÉLI-MÉLO 12

26. Grille secrète 2

17	18	19	20	21
10	11	12	13	22
5	6	7	14	23
2	3	8	15	24
1	4	9	16	25

Observe bien cette grille. On l'a construite en suivant un procédé secret. Peux-tu le découvrir? Reproduis alors la grille et ajoute d'autres rangées et d'autres colonnes en y plaçant les nombres qui conviennent.

27. Tricheur

 J'observe... Je cherche... Je trouve.

Le singe lance ses trois dés sur la table.
(singe) — Voilà! Cette fois, j'ai gagné la partie.
            J'ai obtenu 12.
Le lion observe les dés.
(lion)   — Hum! Oui, tu as 12, mais tu as triché.
Pourquoi le lion accuse-t-il le singe?

28. Constructions 2

Pour chacune des constructions illustrées, fais d'abord tes prédictions puis place-toi avec un ou une camarade pour les vérifier avec des cubes.

a) Quel est le volume?

b) Quelle est l'aire totale?

c) Quel est le périmètre de la base?

d) Quelle est la hauteur?

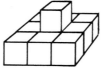 ①

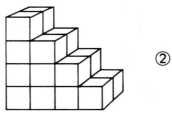 ②

MÉLI-MÉLO 13

29. Mélangez et brassez...

Avec ces phrases, tu peux composer 2 problèmes différents. Compose ces problèmes, puis résous-les.

J'achète aussi une demi-douzaine de prunes.
Combien m'en faut-il pour faire 3 tartes et 5 gâteaux?
Pour faire une tarte, j'ai besoin de 3 œufs.
Combien cela fait-il de fruits?
Aujourd'hui il fait un soleil radieux.
Combien de boîtes cela fait-il?
Au marché, j'achète 2 douzaines d'oranges et 3 œufs.
Pour faire un gâteau, il m'en faut 4.

30. Consommation 4

Place-toi avec quelques camarades pour résoudre le problème suivant.

Vous devez organiser la pause d'un tapis de bonne qualité dans votre classe. Remettez à votre enseignant-e tous les renseignements utiles qui lui permettront de soumettre le projet à la direction de l'école.

31. Histoire de famille

Véronique et Alexandre sont frère et sœur. Lis bien ce que chacun raconte.

> J'ai trois fois plus de sœurs que de frères.

> J'ai deux fois plus de sœurs que de frères.

a) Qui est Véronique?

b) Qui est Alexandre?

c) Combien d'enfants y a-t-il dans leur famille?

Résous ce problème avec quelques camarades. Préparez-vous à mimer, devant la classe, votre réponse pour la justifier.

MÉLI-MÉLO 14

32. Au galop

J'observe... Je cherche... Je trouve.	

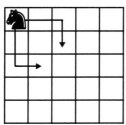

En partant de cette position, le cavalier peut successivement atteindre les 24 autres cases de cette grille en autant de sauts, sans repasser deux fois dans la même case. Pour cela, chaque saut doit suivre le déplacement habituel du cavalier au jeu d'échecs. Il ne peut pas retourner sur sa case de départ.

Reproduis cette grille et numérote chaque case d'arrivée de 1 à 24.

33. Grille logique 2

Place les seize premières lettres de l'alphabet dans les cases en respectant les consignes.

A est juste au-dessus de K.
B est au-dessus de O, son voisin.
C est à l'extrême droite.
D est dans un coin.
E est dans un coin.
F est immédiatement à gauche de P.
G touche à H.
H est entre E et B.
I touche à O.
J est à l'extrême droite.
K touche à L.
L est voisin de B.
M est à gauche de E, son voisin.
N est entre B et C.
O est en bas.
P est juste au-dessus de L.

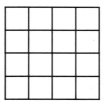

> Consulte MÉLI-MÉLO 3, problème 4, pour le sens des mots: «voisin», «touche» et «entre».

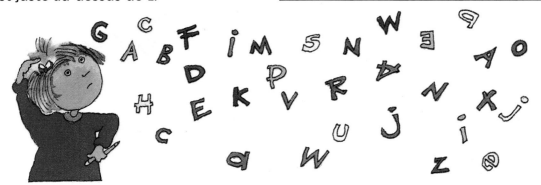

MÉLI-MÉLO 15

34. Moutons magiques

Tu dois disposer 45 moutons dans ces neuf enclos de sorte que chaque ligne horizontale, verticale et diagonale compte le même nombre de moutons. De plus, il n'y a pas deux enclos qui en ont le même nombre.

35. Consommation 5

Étienne désire repeindre le mur du garage. Ce mur mesure 3 mètres sur 6 mètres.

À la quincaillerie, il consulte les prix des divers contenants. Il est bien embêté!

Aide-le à faire le meilleur achat possible. Justifie ton choix.

Super solde
35,00 $

19,95 $

7,00 $

COUVRE 6m²

COUVRE 24m²

COUVRE 60m²

1 L

4 L

10 L

36. Architecte en herbe 2

Voici des données qui te permettront de fabriquer une construction. Utilise des cubes mesurant 1 cm³ chacun. Il faut que ta construction soit différente de celles de tes deux plus proches camarades.

a) Volume: 8 cm³
Périmètre de la base: 10 cm
Hauteur: 4 cm
Aire du dessus: 4 cm²

b) Volume: 6 cm³
Aire totale des faces verticales: 16 cm²
Périmètre de la base: 10 cm

MÉLI-MÉLO 16

37. Les Dalton

J'observe... Je cherche... Je trouve.

Tu connais les frères Dalton? Ces gangsters, ennemis jurés de Lucky Luke, sont debout derrière cette clôture en quête d'un autre mauvais coup. Peux-tu écrire le prénom de chacun dans l'ordre où ils sont placés?

38. Avance, Hercule!

Hercule l'escargot est placé au pied d'un poteau. Il commence l'escalade. Il monte de 3 mètres durant le jour, mais redescend de 2 mètres chaque nuit. Il commence à monter un mardi matin. Quand sera-t-il au sommet de ce poteau qui mesure 12 mètres de hauteur?

39. Chassé-croisé

La conductrice de l'autobus scolaire désire se rendre à l'école, sans perdre de temps. Combien de trajets différents peut-elle emprunter?

Reproduis la grille. Tu seras vraiment l'as des as si tu trouves tous les trajets possibles.

40. Le tournoi du siècle

Un tournoi de hockey opposait trois équipes. Chaque équipe a joué deux parties contre chacune des autres équipes. Peux-tu trouver le classement final si les équipes ont toutes obtenu un nombre différent de points et si une victoire donne deux points, une nulle donne un point et une défaite ne donne aucun point?

a) Les Canadiens n'ont pas fait de partie nulle.

b) Les Suédois portaient des chandails jaunes.

c) L'équipe qui a terminé au premier rang a obtenu deux points de plus que la dernière.

d) Les Russes n'ont pas perdu contre les Canadiens.

Avec quelques camarades, recopie et complète cette grille de classement. Préparez-vous à présenter votre solution au groupe.

Équipes	V	N	D	P

V: victoire
N: partie nulle
D: défaite
P: points

41. Grille secrète 3

Observe bien cette grille de nombres. On l'a construite en suivant une recette secrète. Peux-tu la découvrir? Quels sont les nombres de la colonne de droite? Peux-tu ajouter une rangée en haut de la grille?

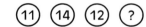

(7) (10) (8) (11) (9) (?)

(12) (9) (13) (10) (?)

(11) (14) (12) (?)

(16) (13) (?)

(15) (?)

(?)

42. Consommation 6

À l'épicerie, trois formats différents de sacs de farine sont disponibles. Quel est le meilleur achat et pourquoi?

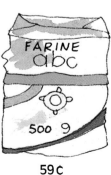

FARINE abc — 500 g — 59 ¢

FARINE abc — 2 kg — 2,25 $

FARINE abc — 3 kg — 3,29 $

MÉLI-MÉLO 18

43. Classement

Voici le classement des équipes de la division A avant les parties d'hier.

LIGUE NATIONALE DE HOCKEY
Classement: division A

	PJ	G	P	N	BP	BC	PTS
BOSTON	26	18	7	1	101	74	37
QUÉBEC	26	16	6	4	92	79	36
MONTRÉAL	26	14	4	8	90	81	36
BUFFALO	26	12	12	2	77	93	26
HARTFORD	26	10	11	5	79	104	25

Les résultats des parties d'hier soir sont:

— Hartford 7, Toronto 5
— Boston 2, Québec 4
— Vancouver 6, Chicago 3
— Montréal 6, Washington 0

Légende
PJ: parties jouées
G: gagnées
P: perdues
N: nulles
BP: buts marqués pour l'équipe
BC: buts marqués contre l'équipe
PTS: points au classement

Une victoire donne 2 points, une partie nulle, un point et une défaite, zéro point.

Peux-tu récrire le nouveau classement de la division A?

44. Consommation 7

J'observe... Je cherche... Je trouve.

Tu désires téléphoner à un de tes amis qui demeure à New York. Pour minimiser les frais interurbains, quand vas-tu téléphoner (jour et heure)?

45. Constructions 3

Pour chacune des constructions illustrées, fais d'abord tes prédictions puis
place-toi avec un ou une camarade pour
les vérifier avec des cubes.

a) Quel est le volume?

b) Quelle est l'aire totale?

c) Quel est le périmètre de la base?

d) Quelle est la hauteur?

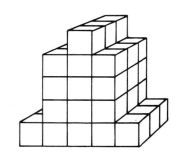

①

②

46. Timbres

Quand tu achètes des timbres au bureau de poste, ils sont habituellement reliés entre
eux.

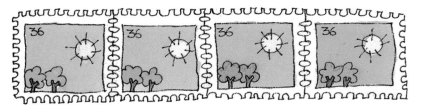

a) Si tu achètes 2 timbres, de combien de façons peuvent-ils être reliés les uns aux
autres? Dessine toutes les possibilités.

b) Combien y a-t-il de façons de relier 3 timbres?

c) Tu seras un as si tu peux découvrir toutes les façons de relier 4 timbres. Dessine tes
solutions.

47. Architecte en herbe 3

Voici des données qui te permettront de
fabriquer une construction. Utilise des
cubes mesurant 1 cm³ chacun. Il faut que
ta construction soit différente de celles
de tes deux plus proches camarades.

a) Volume: 7 cm³
Aire totale: 24 cm²

b) Volume: 8 cm³
Aire totale des faces verticales: 24 cm²
Périmètre de la base: 12 cm

MÉLI-MÉLO 20
COUP DE POUCE ✶✶✶✶✶✶

Complète d'abord chacun de ces problèmes, puis résous-les.

1. Lors d'une partie de hockey, le joueur portant le numéro 5 a marqué 1 but. Le joueur portant le numéro 7 a marqué 3 buts. Combien ces deux joueurs  ?

2. Jacinthe a trois ans de plus que Guillaume. Marilyne a  de moins que Jacinthe. Quelle différence d'âge y a-t-il entre Guillaume et Marilyne?

3. Au théâtre de marionnettes, il y a 12 rangées de chaises. . Combien y a-t-il de chaises dans ce théâtre?

4. Dans son sac, . Il en dépose deux dans son pupitre et cinq sur l'étagère. Combien en a-t-il dans son sac maintenant?

5. Un sandwich coûte 1,20 $ et une frite 60 ¢. Patricia achète deux sandwiches et trois frites. Combien  ?

✶✶✶✶✶ COUP DE POUCE

6. Pour chacun de ces problèmes, écris une phrase mathématique qui le représente bien.

a) Clara est née en 1952. Quel âge a-t-elle?

b) À la compétition de tir à l'arc, Roselyne a placé 3 flèches dans le cercle de 75 points, 2 flèches dans la zone de 20 points et 1 flèche dans la zone de 50 points. Combien de points a-t-elle accumulés?

c) Une caisse d'œufs contient 12 douzaines. Si 26 œufs sont cassés, combien d'œufs sont encore en bon état?

d) Il faut 10 minutes pour cuire 1 œuf dans une casserole d'eau bouillante. Combien de temps faut-il pour cuire 5 œufs dans cette casserole?

e) Il faut 2 heures à un ouvrier pour tailler 40 pièces de métal. Combien lui faut-il de temps pour tailler l'une de ces pièces?

f) Une électricienne demande 25 $ pour la première heure de travail. Chaque heure de travail supplémentaire coûte 20 $. Quel sera son salaire pour 6 heures d'ouvrage?

7. Pour chacune de ces phrases mathématiques, invente un problème qui exprime les mêmes idées.

a) $25 - 8 + 170 = \#$

b) $6 \times 5 = \#$

c) $36 \div 4 = \#$

d) $24 - 8 - \# + 2 = 11$

e) $3 \times 2 \times 4 = \#$

f) $(100 + 200) \times 3 = \#$

g) $8 \times \# = 72$

h) $(54 \div 9) - 2 = \#$

MÉLI-MÉLO 22

1. Place les seize lettres dans la grille en respectant les consignes.

A est entre F et L.
B est en bas.
C est plus haut que L.
D est sous I.
E est sous G.
F est entre N et P.
G est en haut.
H est à l'extrême gauche.
I n'a que 2 voisins.
J est voisin de O.
K est sous P.
L est dans la rangée de E.
M touche F.
N est la lettre la plus éloignée de I.
O touche E.
P est à droite de D, sur la même
  rangée.

2. Deux avions à réaction parcourent respectivement les distances suivantes en vol direct:

1er avion: Calcutta – Vancouver
2e avion: Lima – Stockholm

a) Quel avion parcourt la plus longue distance?

b) Quelle est la différence approximative entre ces deux trajets?

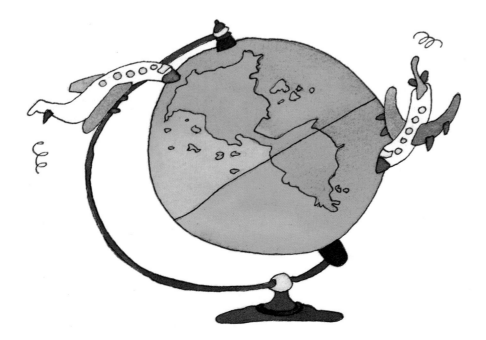

3. L'énigme des hambourgeois

Diane, Karim, Nicole et Pedro se sont préparé des hambourgeois. Ils disposent de quatre garnitures et chacun en choisit trois seulement. Si leurs hambourgeois sont tous différents, trouve ce que chacun a mis dans le sien.

Nicole ou Karim ne met pas de fromage.
Pedro ou Diane ne met pas de tomates.
Diane ou Nicole ne met pas de cornichons.
Karim ou Pedro ne met pas de moutarde.
Enfin, Nicole mange ses hambourgeois avec des cornichons.

4.
Un train mesurant exactement 1 kilomètre de long parcourt 1 kilomètre en 2 minutes. Combien de temps lui faudra-t-il pour ressortir complètement à l'autre extrémité de ce tunnel mesurant exactement 2 kilomètres de long?

MÉLI-MÉLO 24

5.  **J'observe... Je cherche... Je trouve.**

Une grande catastrophe vient de se produire. Deux grands paquebots se sont heurtés en mer. Voici le message de détresse qui a été reçu:

— Ici le capitaine du paquebot Espéranto parti de Sydney en direction de Vancouver.   Nous venons d'être heurtés par le paquebot Lotus en provenance d'Acapulco et se dirigeant vers Tôkyô.   Notre... position...

Malheureusement, le reste du message est demeuré inaudible. Où faut-il envoyer des hélicoptères pour récupérer les survivants?

S.O.S.

6. Maryse a résumé 100 volumes scientifiques. Elle constate que 40 volumes traitent de chimie, que 30 volumes traitent de biologie et que certains volumes traitent de botanique. Chaque volume traite d'au moins un de ces sujets. Parmi les volumes qui ne traitent que d'un seul sujet, il y en a cinq en chimie et deux fois plus en botanique qu'en biologie. Si la moitié des volumes ne touchent qu'un seul sujet, combien de volumes touchent les trois sujets et combien de volumes traitent de la botanique? Reproduis le diagramme de Venn et note les nombres aux bons endroits.

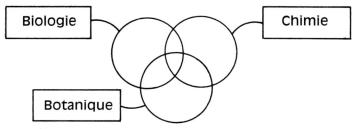

7. Au retour des vacances, Élisabeth raconte son aventure de pêche.
— J'ai attrapé un immense poisson. Il m'a fallu plus d'une heure pour le capturer. Il pesait 10 kilogrammes et sa gueule ouverte devait bien mesurer 20 centimètres. C'était un brochet et il mesurait 60 centimètres plus la moitié de sa longueur. Quelle belle prise!

Mais quelle était donc la longueur exacte de son poisson?

MÉLI-MÉLO 25

8. Dans l'autobus, deux hommes sont assis côte à côte.

(le premier passager) — Bonjour, je m'appelle Alcide Lapluie. Je demeure à Montréal.

(le second passager) — Enchanté. Je demeure à Vancouver.

(le premier passager) — Je connais quelqu'un à Vancouver. Il s'appelle Paul Huet.

(le second passager) — Comme le monde est petit! Je le connais moi aussi. C'est le cousin de Théo Lamy. Le fils de Théo Lamy est le père de mon fils.

Quel est le lien de parenté entre Paul Huet et le second passager?

9. Place les seize lettres dans la grille en respectant les consignes.

A est entre H et L.
B est en haut.
C est entre G et M.
D est voisin de O.
E est au-dessus de L.
F est entre A et K.
G est à l'extrême droite.
H touche G et O.
I a quatre voisins.
J est dans un coin.
K est bien caché.
L est dans un coin.
M est en bas.
N est dans la rangée de E.
O est voisin de H.
P est voisin de C et J.

10. Lors d'une soirée mémorable de *rummy*, quatre amis ont joué quatre parties. À l'aide des indices suivants, trouve le nom, le prénom, le signe du zodiaque, le score de chaque joueur et quelle partie chacun d'eux a gagnée. Chacun n'a gagné qu'une partie.

— Le ou la Sagittaire a gagné la première partie.
— Celui ou celle qui s'appelle Duval a cumulé 124 points.
— Yvan a cumulé 160 points.
— Jules et Mireille étaient assis face à face.
— Le ou la Capricorne a obtenu 100 points.
— Madame Trahan est Cancer.
— La femme née sous le signe de la Vierge a gagné la troisième partie.
— 140 points ont été cumulés par le ou la gagnant(e) de la quatrième partie.
— Monsieur Gélinas a obtenu 24 points de moins que Chrystal.

Qui porte le même nom de famille que le Président des États-Unis d'Amérique?

Jeu-questionnaire :
je me prépare

GÉOMÉTRIE 1

Intérieur, extérieur, région et frontière

Cette carte présente deux régions, soit un lac et un terrain boisé.

Le bateau est à l'intérieur de la région que représente le lac.

Le quai est sur la frontière qui sépare ces deux régions.

Question 1

Où est situé **a)** le canot?   **b)** la tente?   **c)** le camion?

Figures et formes symétriques

Nous sommes *symétriques*.

Nous ne sommes pas symétriques.

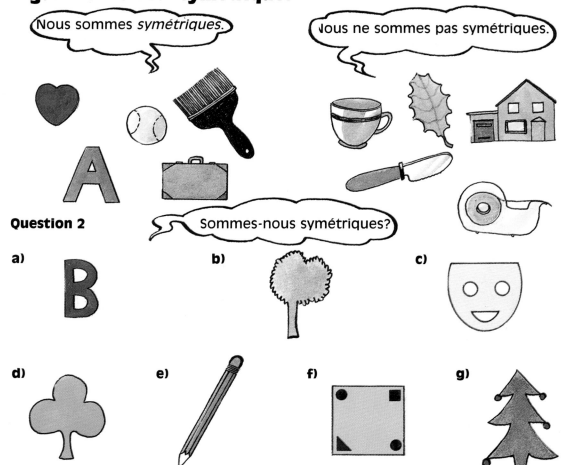

Question 2

Sommes-nous symétriques?

a)

b)

c)

d)

e)

f)

g)

GÉOMÉTRIE 2

Polygones et quadrilatères

Nous sommes des *polygones*.

Nous ne sommes pas des polygones.

Question 1

Sommes-nous des polygones?

a)

b)

c)

d)

e)

f)

g)

Nous sommes des *quadrilatères*.

Nous ne sommes pas des quadrilatères.

Question 2

Sommes-nous des quadrilatères?

a)

b)

c)

d)

e)

f)

g)

233

GÉOMÉTRIE 3

Concave, convexe

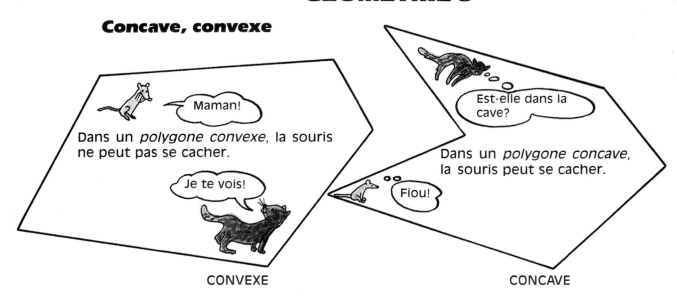

Dans un *polygone convexe*, la souris ne peut pas se cacher.

CONVEXE

Dans un *polygone concave*, la souris peut se cacher.

CONCAVE

Si tu marches sur la frontière d'un polygone convexe, tu tournes toujours du même côté.

Si tu marches sur la frontière d'un polygone concave, tu tournes parfois à gauche et parfois à droite.

Question
Ces polygones sont-ils concave ou convexe?

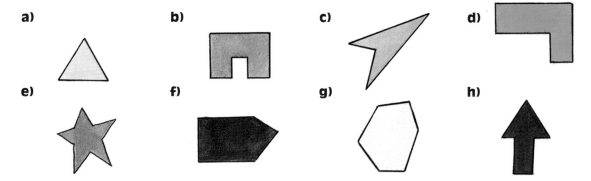

a)   b)   c)   d)

e)   f)   g)   h)

GÉOMÉTRIE 4

Rectangles et parallélogrammes

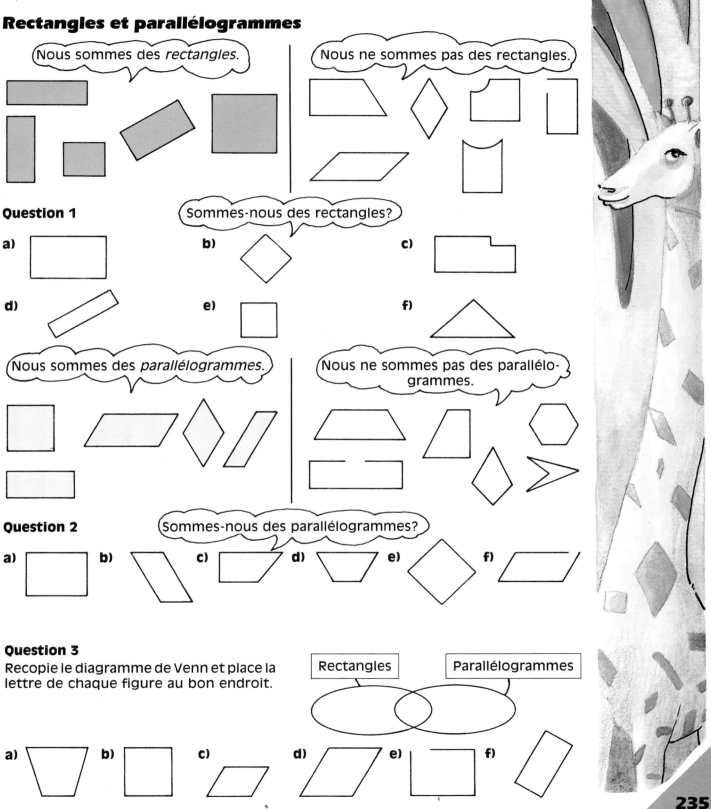

Nous sommes des *rectangles*.

Nous ne sommes pas des rectangles.

Question 1

Sommes-nous des rectangles?

a)   b)   c)

d)   e)   f)

Nous sommes des *parallélogrammes*.

Nous ne sommes pas des parallélogrammes.

Question 2

Sommes-nous des parallélogrammes?

a)   b)   c)   d)   e)   f)

Question 3

Recopie le diagramme de Venn et place la lettre de chaque figure au bon endroit.

Rectangles   Parallélogrammes

a)   b)   c)   d)   e)   f)

GÉOMÉTRIE 5

Angle droit, angle aigu, angle obtus

Un mur et le plancher d'une maison forment habituellement un *angle droit*.

Quand tu te tiens bien droit(e) ton corps forme un *angle droit* avec le plancher.

Le coin d'une porte forme habituellement un angle droit.

Tu peux placer le coin d'une feuille de papier sur un angle droit.

Un angle plus petit que l'angle droit est appelé *angle aigu*. Le mot *aigu* nous fait penser à *aigu*isé.

Un angle plus grand que l'angle droit est appelé *angle obtus*. Le mot *obtus* commence comme le mot *o*uvert.

Question

Les aiguilles de ces horloges forment-elles un angle droit, aigu ou obtus?

a)

b)

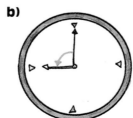

c)

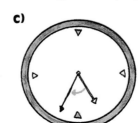

d)

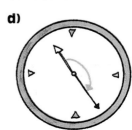

GÉOMÉTRIE 6

Losanges et trapèzes

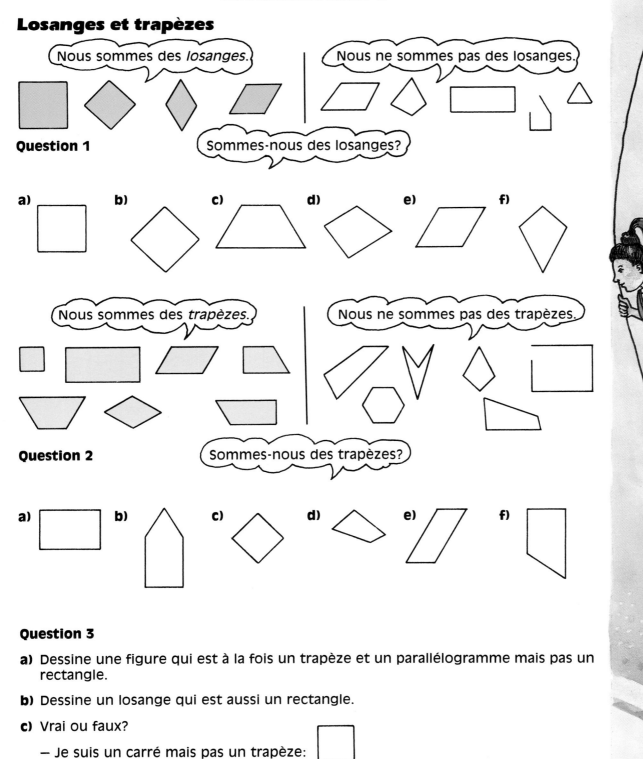

Nous sommes des *losanges.*

Nous ne sommes pas des losanges.

Question 1

Sommes-nous des losanges?

a)   b)   c)   d)   e)   f)

Nous sommes des *trapèzes.*

Nous ne sommes pas des trapèzes.

Question 2

Sommes-nous des trapèzes?

a)   b)   c)   d)   e)   f)

Question 3

a) Dessine une figure qui est à la fois un trapèze et un parallélogramme mais pas un rectangle.

b) Dessine un losange qui est aussi un rectangle.

c) Vrai ou faux?

— Je suis un carré mais pas un trapèze:

— Je suis à la fois un quadrilatère et un trapèze:

GÉOMÉTRIE 7

Propriétés des triangles

Nous sommes des *triangles équilatéraux*.

Nous ne sommes pas des triangles équilatéraux.

Nous sommes des *triangles isocèles*.

Nous ne sommes pas des triangles isocèles.

Nous sommes des *triangles rectangles*.

Nous ne sommes pas des triangles rectangles.

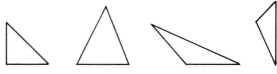

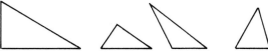

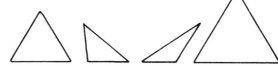

| Les triangles qui n'ont rien de particulier s'appellent triangles scalènes. |

Questions

1. Dans le diagramme de Venn ci-contre, on a oublié de tracer l'ensemble des triangles rectangles. Reproduis le diagramme et ajoute ce sous-ensemble.

2. Place la lettre de chacun de ces triangles au bon endroit.

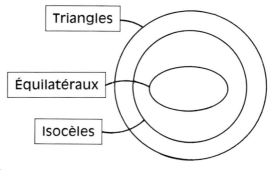

a) b) c) d) e) f)

GÉOMÉTRIE 8

Translation, rotation et symétrie

1.   Translation

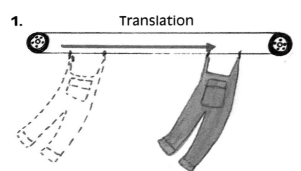

2.

Rotation

On vient de faire glisser cette salo-
pette le long de la corde à linge. Un tel
mouvement est appelé *translation*.

En se balançant ainsi, Jonathan décrit
un mouvement de *rotation*.

3.

Symétrie

Mylène fait des taches
avec de la gouache sur
une page.

Elle referme maintenant
son cahier.

Voilà un joli tableau!
Un tel mouvement est ap-
pelé *symétrie*.

Questions

1. Dessin 1: Dans cette translation, quelle est la longueur du déplacement?

2. Dessin 2: Où est situé le centre de rotation?

3. Dessin 3: Où est situé l'axe de symétrie?

4. Comment nomme-t-on le ou les mouvements nécessaires pour déplacer chacune
des lettres illustrées?

a)   **b)**   **c)**   **d)**

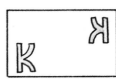

239

GÉOMÉTRIE 9

Cube, sphère, cylindre et prisme

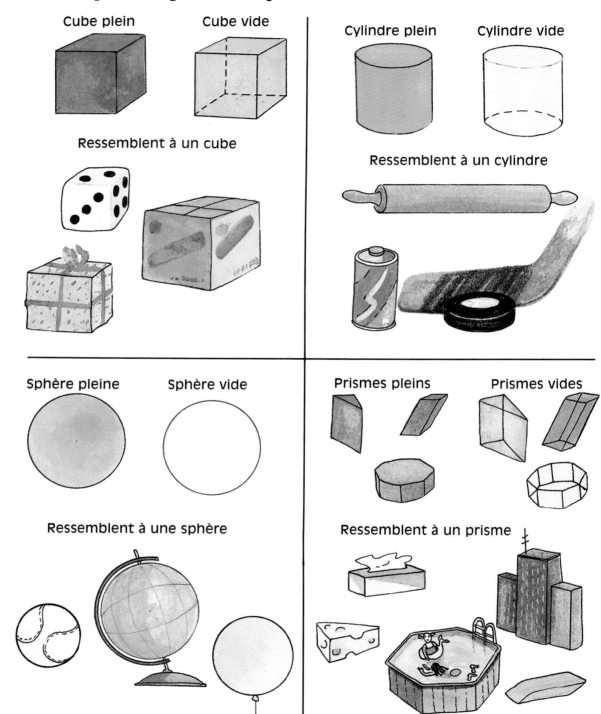

Cube plein   Cube vide

Ressemblent à un cube

Cylindre plein   Cylindre vide

Ressemblent à un cylindre

Sphère pleine   Sphère vide

Ressemblent à une sphère

Prismes pleins   Prismes vides

Ressemblent à un prisme

Question

Peux-tu définir chacun de ces solides dans tes propres mots?

ARITHMÉTIQUE 1

Nombres pairs et nombres impairs

Voici 8 chaises. On les a placées deux par deux. Le nombre 8 est donc un *nombre pair*.

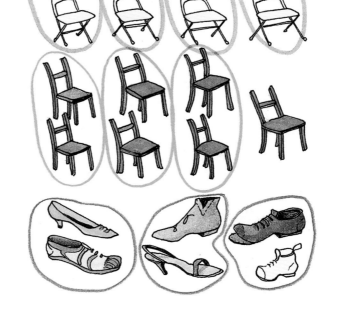

Voici 7 chaises. On les a placées deux par deux. L'une des chaises est seule. On ne peut pas grouper sept objets par deux. Le nombre 7 est donc un *nombre impair*.

Voici 6 souliers tous différents. On les a placés deux par deux. Même si aucune paire de souliers n'est possible avec ces souliers, le nombre 6 est un *nombre pair*.

Zéro n'est pas impair. Si on groupe zéro objet deux par deux, y en a-t-il un tout seul? Non. Donc *zéro est pair*.

Observe bien ces groupes de mots. On dit qu'ils sont des *contraires*.

POLI	IMPOLI
PRUDENTE	IMPRUDENTE
PRÉCISE	IMPRÉCISE
PAIR	IMPAIR

Questions

1. Peux-tu grouper deux par deux les objets de ces ensembles? Le nombre mentionné est-il pair ou impair?

   a) 17 boucles d'oreilles

   b) 24 pupitres

   c) 3000 lacets

   d) 101 dalmatiens

2. Écris tous les nombres pairs compris entre 241 et 285.

3. Écris tous les nombres impairs compris entre 700 et 740.

ARITHMÉTIQUE 2

Nombres carrés et nombres triangulaires

On peut placer 9 jetons en rangées et en colonnes de manière à former un carré. Le nombre 9 est un *nombre carré*.

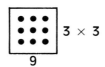 3×3

Il est impossible de former un carré avec 15 jetons. Le nombre 15 n'est pas un nombre carré.

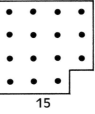

15

Voici des carrés: 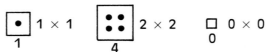 1×1 2×2 0×0

1   4   0

Les nombres 0, 1 et 4 sont aussi des nombres carrés.

On peut former un triangle avec 10 jetons. Le nombre 10 est un *nombre triangulaire*.

10

Il est impossible de former un triangle avec 14 jetons. Le nombre 14 n'est pas un nombre triangulaire.

14

Voici des triangles

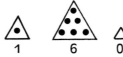

1   6   0

Les nombres 0, 1 et 6 sont aussi des nombres triangulaires.

Questions

1. Ces nombres sont-ils carrés? Triangulaires?

{7, 25, 21, 48, 28, 64, 49}

2. Dresse la liste des nombres carrés plus petits que 100.

3. Dresse la liste des nombres triangulaires plus petits que 100.

ARITHMÉTIQUE 3

Facteurs et multiples

Il y a trois façons différentes de former un rectangle avec 12 jetons (placés en rangées et en colonnes).

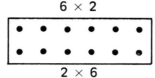

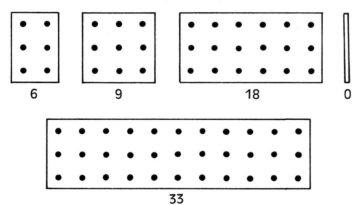

Les seules *dimensions* possibles de ces rectangles sont 1, 2, 3, 4, 6 et 12.

Les *facteurs de 12* sont: F(12) = {1, 2, 3, 4, 6, 12}

Voici des rectangles formés de trois rangées de jetons:

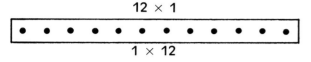

6   9   18   0

33

Il y en a beaucoup d'autres. Le nombre de jetons utilisés est appelé multiple de 3.

Les *multiples de 3* sont: M(3) = {0, 3, 6, 9, 12, 15, 18,..., 33,...}
Zéro est multiple de tous les nombres.

Questions

1. Fabrique tous les rectangles possibles avec le nombre de jetons mentionné. Écris ensuite tous les facteurs de ces nombres.

   a) 19 jetons   **b)** 25 jetons   **c)** 36 jetons   **d)** 48 jetons

2. Avec des jetons, fabrique 6 rectangles différents. Ces rectangles doivent avoir 4 rangées chacun. Note les 6 multiples de 4 que tu viens de découvrir.

3. Vrai ou faux?

   a) 6 est un facteur de 18.   **c)** 4 est un multiple de 16.

   b) Les facteurs de 9 sont F(9) = {1, 9}.   **d)** M(8) = {0, 8, 16, 24, 30,...}.

ARITHMÉTIQUE 4

Nombres composés et nombres premiers

Avec 16 jetons, on peut fabriquer trois rectangles différents. Le nombre 16 est un *nombre composé*.

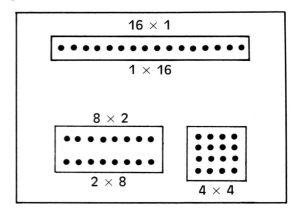

Avec 8 jetons, on peut fabriquer deux rectangles différents. Le nombre 8 est un nombre composé.

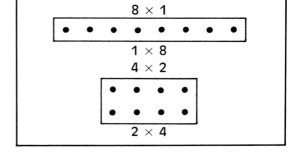

Si avec un certain nombre de jetons on peut fabriquer au moins deux rectangles différents, alors ce nombre est un nombre composé.

Avec 7 jetons, on ne peut fabriquer qu'un seul rectangle (jetons en ligne). Le nombre 7 est un *nombre premier*.

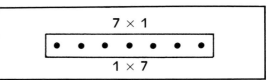

Les nombres 5, 11 et 13 sont aussi des nombres premiers.

Les nombres 0 et 1 ne sont ni premiers ni composés.

Questions

1. Peux-tu faire au moins deux rectangles différents avec

    a) 15 jetons?   **b)** 23 jetons?   **c)** 9 jetons?   **d)** 71 jetons?

    Ces nombres sont-ils premiers ou composés?

2. Trouve tous les nombres premiers plus petits que 50.

3. Trouve tous les nombres composés compris entre 80 et 100.

4. Parmi ces nombres, il y en a qui sont premiers. Lesquels?

    {56, 63, 67, 72, 74, 52, 61, 79}

ARITHMÉTIQUE 5

Numérateur et dénominateur

Voici des fractions: $\frac{1}{4}$, $\frac{3}{4}$, $\frac{6}{4}$, $\frac{0}{4}$. Toutes ces fractions ont le même nom de famille, soit quart. Le 4 sert à *dénommer* chacune de ces fractions. C'est le *dénominateur*.

Dans la fraction $\frac{3}{5}$, le 3 sert à indiquer le *nombre* de cinquièmes: il y en a trois. C'est le *numérateur*.

Pour te rappeler sa position, souviens-toi que le *nu*mérateur est en haut, comme les *nu*ages.

Questions

1. Écris la fraction dont le dénominateur est 8 et dont le numérateur est 5.

2. Laquelle de ces fractions a un 3 au numérateur? $\frac{3}{5}$ ou $\frac{2}{3}$

3. Quel est le dénominateur de chacune de ces fractions?

a) $\frac{1}{2}$ **b)** $\frac{2}{5}$ **c)** $\frac{7}{4}$ **d)** $\frac{13}{21}$ **e)** $\frac{8}{6}$

ARITHMÉTIQUE 6

Ordre croissant et ordre décroissant

La forme de la lune change au fil des jours. Après la pleine lune, elle *décroît* progressivement:

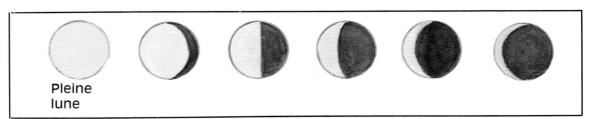

Pleine lune

Puis arrive la nouvelle lune. Elle se remet alors à *croître*.

Nouvelle lune

On dit que la *lune ment*. Quand sa partie éclairée a la forme d'un C, elle décroît. Quand elle a la forme d'un D, elle croît.

Voici des nombres que l'on a placés en *ordre croissant*:

720, 721, 722, 859, 860, 901, 902, 910, 996, 999.

Voici des nombres que l'on a placés en *ordre décroissant*:

849, 848, 847, 721, 712, 700, 603, 600, 599, 10.

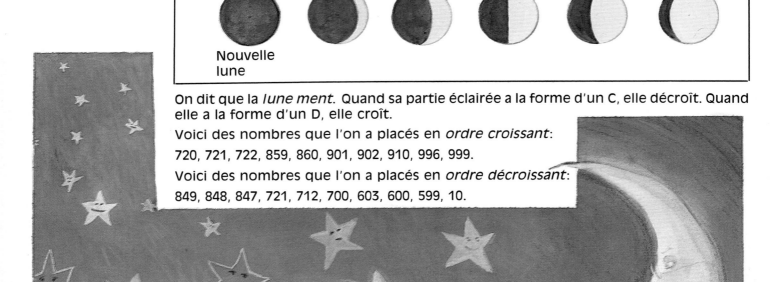

Questions

1. Écris ces nombres en ordre croissant:

   299, 774, 696, 771, 829, 952, 830, 695, 301, 831.

2. Écris ces nombres en ordre décroissant:

   2069, 5349, 3670, 2070, 6996, 5350, 6998, 2068, 5305, 6797.·

ARITHMÉTIQUE 7

Somme, différence, reste, produit et quotient

Voici une addition: 352 + 17 = 369.

On dit que 369 est la *somme* de 352 et de 17.

Voici une soustraction: 684 − 120 = 564.

On dit que 564 est la *différence* entre 684 et 120. On dit aussi que 564 est le *reste*.

Voici une multiplication: 3 × 205 = 615.

On dit que 615 est le *produit* de 3 par 205.

Voici une division: 684 ÷ 2 = 342.

On dit que 342 est le *quotient* de 684 par 2.

Questions

1. Quelle est la somme de 15 et de 5?

2. Quel est le quotient de 100 par 5?

3. Quelle est la différence entre 8 et 80?

4. Quel est le produit de 6 par 12?

5. Quel nom donne-t-on au nombre encadré dans chacune de ces égalités?

a) 6 × 9 = $\boxed{54}$

b) 125 − 12 = $\boxed{113}$

c) 3 × 9 = $\boxed{27}$

d) $\boxed{120}$ − 10 = 110

e) 600 + 100 = $\boxed{700}$

f) 48 ÷ 6 = $\boxed{8}$

247

ARITHMÉTIQUE 8

Valeur positionnelle

Avec 347 $, il est possible d'obtenir un maximum de 34 billets de dix dollars.

On dit qu'il y a 34 dizaines dans le nombre 347.

Avec 5243 $, il est possible d'obtenir 5 billets de mille dollars. On pourrait aussi obtenir 52 billets de cent dollars ou bien 524 billets de dix dollars.

On dit qu'il y a 5 unités de mille dans le nombre 5243. On peut également dire que ce nombre contient 52 centaines ou bien 524 dizaines. Dans 5243, il y a 5243 unités.

Le *nombre* 6021 est composé de quatre *chiffres*.

Un chiffre ressemble un peu à une lettre de l'alphabet.

— Les lettres servent à écrire des mots:
- *sac* est un mot de 3 lettres;
- *à* est un mot d'une seule lettre.

— Les chiffres servent à écrire des nombres:
- 164 est un nombre de 3 chiffres;
- 7 est un nombre d'un seul chiffre.

Dans 6021, le zéro occupe la position des centaines.

Questions

1. Combien y a-t-il de dizaines dans

   a) 329? **b)** 7200? **c)** 48? **d)** 9? **e)** 567?

2. Combien y a-t-il de centaines dans

   a) 502? **b)** 12 841? **c)** 41? **d)** 374? **e)** 100 000?

3. Dans le nombre 7163, quel chiffre est à la position

   a) des dizaines? **b)** des centaines? **c)** des unités de mille?

4. Combien y a-t-il d'unités dans

   a) 126? **b)** $13\frac{1}{2}$? **c)** 80? **d)** $\frac{3}{2}$? **e)** 52 000?

248

ARITHMÉTIQUE 9

Nombres arrondis

Ouvre un dictionnaire à la page 258. Quelle page se terminant par «00» est la plus rapprochée de la page 258? Tu viens d'*arrondir* le nombre 258 *à la plus proche centaine*.

Sur une autoroute, il y a un téléphone installé à tous les 10 kilomètres.

100 km   110 km   120 km   130 km   140 km   150 km

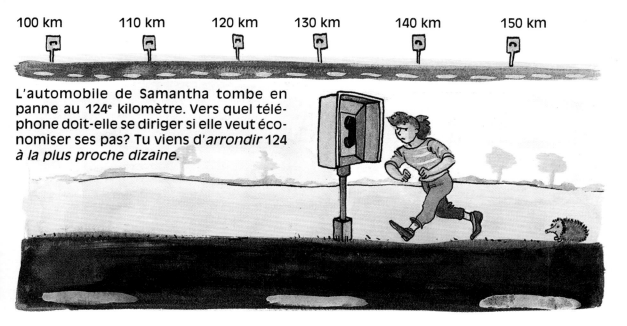

L'automobile de Samantha tombe en panne au 124ᵉ kilomètre. Vers quel téléphone doit-elle se diriger si elle veut économiser ses pas? Tu viens d'*arrondir* 124 *à la plus proche dizaine*.

700 est le nombre arrondi à la plus proche centaine de 660.
1240 est le nombre arrondi à la plus proche dizaine de 1243.
560 est le nombre arrondi à la plus proche dizaine de 555.
13 est le nombre arrondi à la plus proche unité de $12\frac{3}{5}$.
20 000 est le nombre arrondi à la plus proche dizaine de 19 997.

Questions

1. Arrondis ces nombres à la plus proche centaine:

a) 6253   b) 16 329   c) 497   d) 52 000

2. Arrondis ces nombres à la plus proche unité de mille:

a) 16 420   b) 529   c) 3500   d) 499

3. Arrondis ces nombres à la plus proche unité:

a) $2\frac{1}{3}$ b) $\frac{16}{5}$ c) $4\frac{7}{9}$ d) $119\frac{2}{3}$

MESURE 1

Périmètre, aire et volume

Le périmètre d'une figure est la longueur de sa frontière.

Le périmètre de la figure 1 est égal à 12 centimètres (12 cm).

Le périmètre de la figure 2 est égal à 16 centimètres (16 cm).

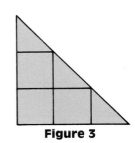

Figure 1

L'aire d'une figure est la grandeur de sa surface. Elle se mesure habituellement à l'aide de carrés.

L'aire de la figure 1 est égale à 5 centimètres carrés (5 cm²).

L'aire de la figure 2 est égale à 8 centimètres carrés (8 cm²).

L'aire de la figure 3 est égale à 4 centimètres carrés et demi ($4\frac{1}{2}$ cm² ou 4,5 cm²).

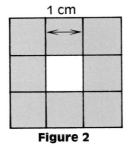

Figure 2

Figure 3

Le volume est la quantité d'espace occupée par un objet. Il se mesure habituellement à l'aide de cubes.

Le volume de la figure 4 est égal à 8 centimètres cubes (8 cm³).

Le volume de la figure 5 est égal à 6 centimètres cubes et demi ($6\frac{1}{2}$ cm³ ou 6,5 cm³).

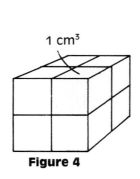

Figure 4

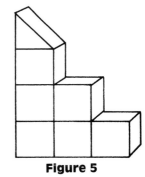

Figure 5

Questions

1. Pour réaliser les travaux suivants, doit-on mesurer l'aire, le volume ou le périmètre de l'objet?

    a) Recouvrir un livre.

    b) Construire un cadre de fenêtre.

    c) Peindre un mur.

    d) Mesurer la quantité d'eau d'une piscine.

2. Mesure et écris:

    a) le périmètre de ta chambre (en mètres et en centimètres);

    b) l'aire du plancher de ta chambre (en mètres carrés);

    c) le volume d'une boîte de céréales (en centimètres cubes).

MESURE 2

Volume liquide et masse

On mesure habituellement une quantité liquide en litres ou en millilitres.

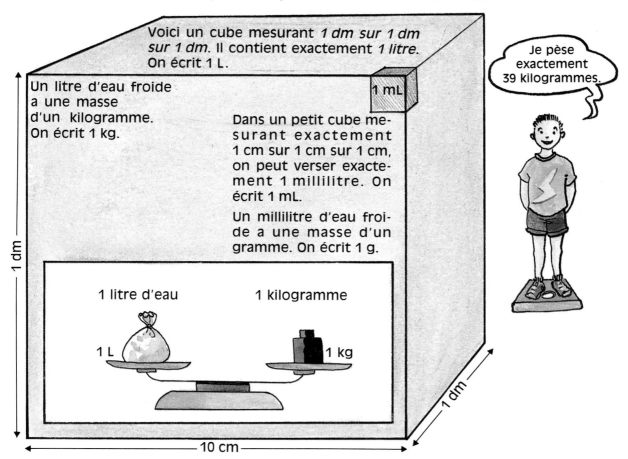

Voici un cube mesurant *1 dm sur 1 dm sur 1 dm*. Il contient exactement *1 litre*. On écrit 1 L.

Un litre d'eau froide a une masse d'un kilogramme. On écrit 1 kg.

Dans un petit cube mesurant exactement 1 cm sur 1 cm sur 1 cm, on peut verser exactement 1 millilitre. On écrit 1 mL.

Un millilitre d'eau froide a une masse d'un gramme. On écrit 1 g.

1 mL

Je pèse exactement 39 kilogrammes.

1 litre d'eau   1 kilogramme

1 L   1 kg

1 dm

10 cm

1 dm

Questions

1. Combien y a-t-il de millilitres dans un litre?

2. Combien y a-t-il de grammes dans deux kilogrammes?

3. Observe bien les étiquettes de ces produits que tu as chez toi. Complète ce qui est demandé.

   a) Boîte de céréales: ? g

   b) Pot de moutarde: ? mL

   c) Tube de pâte dentifrice: ? mL

   d) Contenant de lait: ? mL

   e) Pot de beurre d'arachide: ? g

   f) Sac de sucre: ? g

4. Combien y a-t-il de millilitres dans un grand verre?

MESURE 3

Système international: les équivalences

kilo	Unité de mesure	déci	centi	milli
$\times$ 1000	$\times$ 1	$\times \frac{1}{10}$	$\times \frac{1}{100}$	$\times \frac{1}{1000}$
1 km = 1000 m	1 mètre $\leftrightarrow$ 1 m	1 dm = $\frac{1}{10}$ m	1 cm = $\frac{1}{100}$ m	1 mm = $\frac{1}{1000}$ m
1 kg = 1000 g	1 gramme $\leftrightarrow$ 1 g	1 dg = $\frac{1}{10}$ g	1 cg = $\frac{1}{100}$ g	1 mg = $\frac{1}{1000}$ g
1 kL = 1000 L	1 litre $\leftrightarrow$ 1 L	1 dL = $\frac{1}{10}$ L	1 cL = $\frac{1}{100}$ L	1 mL = $\frac{1}{1000}$ L

Les unités de mesure du système international sont toutes construites selon la même structure. Il est facile de passer d'une unité à l'autre *en multipliant ou en divisant par dix.*

1 kilomètre = 1000 m	= 10 000 dm	= 100 000 cm	= 1 000 000 mm
1 kilogramme = 1000 g	= 10 000 dg	= 100 000 cg	= 1 000 000 mg
1 kilolitre = 1000 L	= 10 000 dL	= 100 000 cL	= 1 000 000 mL

Questions

1. Combien y a-t-il de

   a) millilitres dans 3 litres?

   b) centimètres dans 2 mètres?

   c) centilitres dans 10 litres?

   d) grammes dans 12 kilogrammes?

   e) mètres dans 5 centimètres?

   f) mètres dans 18 kilomètres?

2. Complète les équivalences suivantes.

   a) 2 kg + 12 g + 5 kg = # g

   b) 60 cm + 4 m + 5 dm = # mm

   c) 12 L + 14 cL + 275 mL = # mL

   d) 1 km + 1 m + 1 dm + 1 cm + 1 mm = # mm

MESURE 4

Lecture et écriture de l'heure

Une horloge est une règle circulaire. Elle sert à mesurer le temps. Chacune des aiguilles a un rôle précis à jouer.

Il faut *12 heures* à la petite aiguille pour faire un tour. Dans une journée, elle fait deux tours.

Il faut *1 heure* ou *60 minutes* à la grande aiguille pour faire un tour.

Il faut *1 minute* ou *60 secondes* à la trotteuse pour faire un tour.

1. Combien de temps faudra-t-il à la petite aiguille pour passer du 2 au 8?

2. Combien de temps faudra-t-il à la grande aiguille pour passer du 12 au 5?

3. Combien de temps faudra-t-il à la trotteuse pour passer du 9 au 12?

4.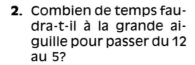

5.

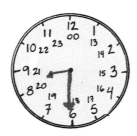 

Les aiguilles reviennent deux fois par jour exactement à la même position. Par exemple à 03:05 (nuit) ou 15:05 (après-midi).

Observe bien la façon d'écrire l'heure.

Quelle heure est-il?

Quelle heure est-il?

6.

7.

Quelle heure est-il?

Quelle heure est-il?

8. Dessine une horloge à **a)** 13:05 **b)** 07:18 **c)** 22:43

MESURE 5

Température et moyenne

100°C — L'eau bout.	39°C — Un peu de fièvre.	0°C — L'eau gèle.
?°C — Quel froid!	?°C — Température de la pièce.	?°C — La canicule.

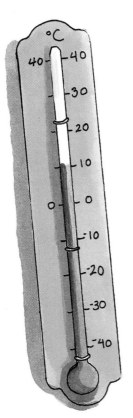

Peux-tu écrire les températures qui manquent?

Lors des cinq parties de hockey du tournoi régional, Youri a marqué, 3, 5, 2, 1 et 4 buts. Grégory a marqué au total le même nombre de buts que Youri, mais toujours le même nombre à chaque partie. Combien Grégory a-t-il marqué de buts à chacune des parties?

Ces deux joueurs ont la même moyenne de buts marqués par partie, soit 3 buts.

Trouver la moyenne de plusieurs résultats revient à remplacer tous les nombres par un seul, toujours le même, de manière à obtenir le même total.

Pour chaque ensemble de résultats, trouve la moyenne.

1.

Jour	Lundi	Mardi	Mercredi	Jeudi	Vendredi	Samedi	Dimanche
Température	15°C	8°C	12°C	10°C	9°C	6°C	10°C

2.

Élèves	Lucas	Hélène	Loïc	Billy	Tamara	Dolorès
Notes	70 %	59 %	81 %	53 %	96 %	94 %

3.

Lancers	1er	2e	3e	4e	5e	6e	7e	8e
Distances	10 m	9 m	8 m	11 m	14 m	6 m	13 m	11 m

MÉMOIRE 1

Morse et multiples de 3, de 4 et de 5

Il est facile de mémoriser rapidement l'alphabet morse. Pour cela, il te faudra d'abord apprendre par cœur une liste de 19 mots clés. Chacun de ces mots correspond à une lettre de l'alphabet morse. Le mot clé associé à chaque lettre contient une ou plusieurs voyelles. Chaque voyelle représente un point (·). Chaque consonne représente un trait (—).

Ainsi, le mot **beau** donne la clé de la lettre b:

b e a u
— · · ·

Les autres lettres sont mémorisées grâce à deux mots clés. Mémorise la liste et demande à quelqu'un de te questionner pour vérifier tes connaissances.

Mémorise ces trois tableaux contenant les dix premiers multiples de 3, de 4 et de 5.

Multiples de 3	Multiples de 4	Multiples de 5
0 × 3 = 0	0 × 4 = 0	0 × 5 = 0
1 × 3 = 3	1 × 4 = 4	1 × 5 = 5
2 × 3 = 6	2 × 4 = 8	2 × 5 = 10
3 × 3 = 9	3 × 4 = 12	3 × 5 = 15
4 × 3 = 12	4 × 4 = 16	4 × 5 = 20
5 × 3 = 15	5 × 4 = 20	5 × 5 = 25
6 × 3 = 18	6 × 4 = 24	6 × 5 = 30
7 × 3 = 21	7 × 4 = 28	7 × 5 = 35
8 × 3 = 24	8 × 4 = 32	8 × 5 = 40
9 × 3 = 27	9 × 4 = 36	9 × 5 = 45

Mots clés

as	· —	(a)
beau	— · · ·	(b)
coco	— · — ·	(c)
duo	— · ·	(d)
eife	· · — ·	(f)
glu	— — ·	(g)
(j')offr(e)	· — — —	(j)
kim	— · —	(k)
Élie	· — · ·	(l)
nu	— ·	(n)
apte	· — — ·	(p)
phoq(ue)	— — · —	(q)
ère	· — ·	(r)
ouf	· · —	(u)
œuf	· · · —	(v)
owl	· — —	(w)
noix	— · · —	(x)
lynx	— · — —	(y)
zzou	— — · ·	(z)

TMOCH et EISH

T	—	E	·
M	— —	I	· ·
O	— — —	S	· · ·
CH	— — — —	H	· · · ·

MÉMOIRE 2

Jeu de kim et multiples de 6 et de 7

Tu aimes les jeux de mémoire? En voici un où tu peux t'exercer. On l'appelle le *jeu de kim*. Il se joue à deux.

Le premier joueur choisi 5 objets qu'il dépose sur une table. Le second joueur a 30 secondes pour les mémoriser.

5 objets à mémoriser   Un objet est retiré en cachette.   Quel objet a été enlevé?

Après ce laps de temps, le premier joueur recouvre les objets et en retire un. Le second joueur regarde de nouveau les objets et tente de découvrir l'objet retiré.

> De plus en plus difficile: Ajoute un ou plusieurs objets pour rendre ce jeu plus difficile. Pour chaque objet ajouté, accorde 5 secondes de plus à la mémorisation. Jusqu'où peux-tu aller?

Mémorise ces tableaux contenant les dix premiers multiples de 6 et de 7.

Multiples de 6
$0 \times 6 = 0$
$1 \times 6 = 6$
$2 \times 6 = 12$
$3 \times 6 = 18$
$4 \times 6 = 24$
$5 \times 6 = 30$
$6 \times 6 = 36$
$7 \times 6 = 42$
$8 \times 6 = 48$
$9 \times 6 = 54$

Multiples de 7
$0 \times 7 = 0$
$1 \times 7 = 7$
$2 \times 7 = 14$
$3 \times 7 = 21$
$4 \times 7 = 28$
$5 \times 7 = 35$
$6 \times 7 = 42$
$7 \times 7 = 49$
$8 \times 7 = 56$
$9 \times 7 = 63$

MÉMOIRE 3

Tableaux de chiffres et multiples de 8 et de 9.

Voici un autre jeu de mémoire qui se joue à deux.

Le premier joueur écrit un tableau de chiffres. Le second joueur a 15 secondes pour le mémoriser. Le premier joueur pose alors des questions jusqu'à ce que l'autre commette une erreur. Par exemple, «Quel est le deuxième chiffre de la deuxième ligne?», «Quel est le premier chiffre de la troisième colonne?», etc. Chaque bonne réponse vaut 1 point. Si chaque chiffre est nommé, on ajoute 5 points. Les joueurs jouent à tour de rôle.

Voici des exemples de tableaux. Les deux premiers sont faciles, les deux autres de plus en plus difficiles.

2	4	6
3	9	1

7	4	3	2
8	9	7	0

5	6	8
3	1	5
7	4	2

5	9	0	1	4
7	8	4	5	6

Peux-tu faire le tableau des dix premiers multiples de 8. Mémorise-le.

Si tu as de la difficulté à retenir les multiples de 9, voici un bon truc qui te permettra de les trouver rapidement. Replie le doigt placé à la position égale au facteur qui multiplie 9.

Mémorise ce tableau contenant les dix premiers multiples de 9.

Multiples de 9
$0 \times 9 = 0$
$1 \times 9 = 9$
$2 \times 9 = 18$
$3 \times 9 = 27$
$4 \times 9 = 36$
$5 \times 9 = 45$
$6 \times 9 = 54$
$7 \times 9 = 63$
$8 \times 9 = 72$
$9 \times 9 = 81$

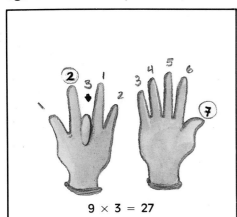
$9 \times 3 = 27$

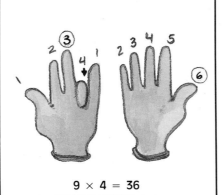
$9 \times 4 = 36$

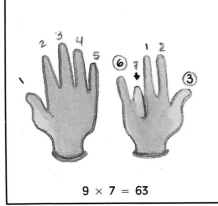
$9 \times 7 = 63$

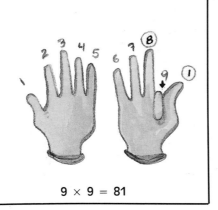
$9 \times 9 = 81$

Mes jours sont comptés...

Composition: **Caractéra inc.**
Photolithographie: **Métropole Litho inc.**
Impression: **Métropole Litho inc.**
1201, rue Marie-Victorin
Saint-Bruno de Montarville (Québec)
J3V 6C3
Reliure: **Métropole Litho inc.**